Je réussis ma 3e année

avec

SUPER ZAPP !

Je me prépare
Je m'exerce
Je révise

France Choquette
Charles Côté
Mario Ducharme
Suzanne Fournier

CEC parasco

9001, boul. Louis-H.-La Fontaine, Anjou (Québec) Canada H1J 2C5
Téléphone : 514-351-6010 • Télécopieur : 514-351-3534

S0-DQW-769

Direction de l'édition
Alexandra Labrèche

Direction de la production
Danielle Latendresse

Direction de la coordination
Rodolphe Courcy

Charge de projet
Catherine Aubin

Conception de la couverture
Accent Tonique

Réalisation graphique
Interscript

Illustration de la couverture
François Thisdale

Conception et réalisation graphique des éditions originales
Christine Battuz / Kuizin Studio

Illustrations
Christine Battuz
François Thisdale

Je réussis ma 3e année avec Super Zapp !
© 2013, Les Éditions CEC inc.
9001, boul. Louis-H.-La Fontaine
Anjou (Québec) H1J 2C5

Dépôt légal : 2013
Bibliothèque et Archives nationales du Québec
Bibliothèque et Archives Canada

ISBN 978-2-7617-6095-9
ISBN 978-2-7617-3520-9 (1re édition)

Imprimé au Canada
1   2   3   4   5   17   16   15   14   13

Éditions originales *Croque-mots 3 / Croque-math 3 / Croque-anglais 3*
© **Les Éditions Trécarré**, Groupe Librex inc., Une compagnie de Quebecor Media, La Tourelle, 1055, boul. René-Lévesque Est, Bureau 800, Montréal (Québec) H2L 4S5.
Tous droits de reproduction, de traduction et d'adaptation réservés pour tous pays.

Table des matières

MATHÉMATIQUE

La 3ᵉ année, c'est toute une année!

Des activités pleines de rebondissements

ANGLAIS

Mot aux parents

Vous avez entre les mains le cahier *Je réussis ma 3ᵉ année avec Super Zapp !*, un outil incontournable élaboré par Les Éditions CEC – Parasco, le plus important éditeur scolaire québécois du primaire.

Ce cahier a été conçu afin de vous permettre de faire avec votre enfant l'essentiel des matières de base vues en 3ᵉ année. Les activités que vous y trouverez respectent le contenu du *Programme de formation de l'école québécoise* et soutiennent les apprentissages en français, en mathématique et en anglais, sans négliger pour autant l'aspect ludique !

De plus, des capsules web sont proposées dans lesquelles les mathématiques sont expliquées par une vraie enseignante ! Cette dernière est là pour aider votre enfant et lui expliquer des notions mathématiques. Chaque vidéo comporte généralement trois parties :

1. une explication de la notion à l'aide de manipulation de matériel ;

2. une démonstration au tableau, comme ce que ferait votre enfant sur une feuille ;

3. un résumé qui rappelle les étapes importantes de la démarche proposée.

Maintenant, votre enfant a tout en main pour réussir sa 3ᵉ année. Nous souhaitons que les péripéties de Super Zapp feront vivre à votre enfant autant de plaisir que de succès !

L'équipe de rédaction

Présentation

Salut à toi !

Je te souhaite la bienvenue. Si tu ne me connais pas encore, laisse-moi te dire que je suis ton nouvel ami. Je m'appelle Super Zapp et je suis un superhéros.

Ensemble, nous partirons à l'aventure et ferons toutes sortes d'activités amusantes. J'ai hâte de parcourir avec toi les merveilleux mondes des mots, des chiffres et de l'anglais !

Est-ce que je t'ai parlé des capsules web ? Quand tu verras le pictogramme , tu sauras qu'une vidéo t'expliquant des notions de mathématique t'attend sur le web. Et c'est une vraie enseignante qui t'expliquera ces notions !

Je t'assure qu'on s'amusera follement tous les deux. Tu viens avec moi ?

Ton ami,

Super Zapp

Toute une personnalité !

Des mots plein la tête !

Surligne les mots au féminin de la couleur de ton choix.

Noms communs

ordinateur
lecture
couleur
album
prénom
lettre
ordre
enseignant, enseignante
cuisinier, cuisinière
concierge

Verbes

trouver
être
aimer
faire
remettre
classer
mélanger
tenir
parler
corriger

Adjectifs

souriant, souriante
impatient, impatiente
principal, principale
premier, première
alphabétique
inutile
électrique
suivant, suivante
bon, bonne
varié, variée

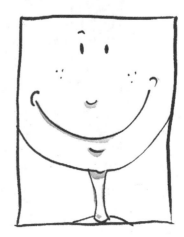

Bonjour !

J'aimerais beaucoup te connaître.

Je m'appelle Super Zapp et je suis un superhéros. Et toi, qui es-tu ?

C'est à ton tour !

Prénom : _____

Surnom : _____

Sexe : _____

Âge : _____

Couleur des yeux : _____

Couleur des cheveux : _____

Qualité ou talent : _____

Défaut : _____

Loisirs : _____

Soyons ordonnés

1. Place les prénoms des camarades de Super Zapp dans l'ordre alphabétique.

Caroline	Sylvain	Évans	Odile	Marouska
Jacob	Adam	Trévis	Béatrice	Xavier
Irma	Ulrick	Ken	Valérie	Yan

a) _____ f) _____ k) _____

b) _____ g) _____ l) _____

c) _____ h) _____ m) _____

d) _____ i) _____ n) _____

e) _____ j) _____ o) _____

2. Fais le même exercice avec les mots suivants, qui commencent tous par la lettre « a ».

artiste	amusement	avril	abeille
affiche	alouette	acier	âne
anglais	armoire		

a) _____ e) _____ h) _____

b) _____ f) _____ i) _____

c) _____ g) _____ j) _____

d) _____

Un travail utile

> Mon oncle est un élagueur.
> Il dépouille les arbres des branches inutiles qui touchent aux fils électriques.

Nomme des métiers qui commencent par les lettres ci-dessous.
Écris le numéro de la page de ton dictionnaire où se trouve chaque mot.

	Métiers	Page du dictionnaire
c		
d		
l		
m		
p		

Qu'aimerais-tu faire plus tard ?
Dessine le métier que tu souhaiterais faire plus tard.

Plus tard, je serai _____.

Des mots plein la tête !

Noms communs

phrase
livre
garage
mot
jeu
parrain, marraine
dent
animal
personne
chose

Verbes

travailler
connaître
adorer
amuser
posséder
décrire
avoir
inscrire
tracer
jouer

Ajoute le féminin des adjectifs suivants.

Adjectifs

familial, _____
violent, _____
majestueux, _____
mystérieux, _____
horizontal, _____
vertical, _____
agréable, _____
dur, _____
familier, _____
long, _____

Au sujet de ma famille

Indique par un ✔ si les énoncés suivants sont des phrases.

> ✎ **Info-Zapp**
>
> Une phrase est une suite de mots ordonnée qui a du sens. Elle commence par une majuscule et se termine par un point.

	Oui	Non
a) Ma mère travaille dans un garage		
b) Quand mon père cuisine de bons.		
c) Ma sœur me prête souvent ses livres.		
d) Dehors se mon chien promène.		
e) Mon chat se nomme Lune.		
f) Mamie est une femme en or.		
g) toute ma famille adore manger de la soupe.		
h) Je m'amuse avec son jeu de construction.		
i) Je parle avec mamie.		
j) Ma tante possède une superbe maison		

Des photos qui en disent long...

Écris un titre qui décrit chaque photo
de l'album de Super Zapp.

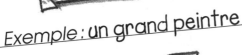
Exemple : un grand peintre

Des noms qui se croisent

Savais-tu qu'un nom sert à désigner une personne, un animal ou une chose ? Le nom se met au masculin ou au féminin et au singulier ou au pluriel.

Remplis cette grille à l'aide des indices suivants.

Horizontal

1. Se dit d'une personne qui n'est pas attentive.
2. Animal ayant une carapace dure et qui se déplace très lentement.
3. Lieu public où l'on se fait servir des repas, à condition de payer.
4. Objets dont on se sert pour manger.

Vertical

1. Personne dont la profession est de soigner les dents.
2. Coup de vent très violent et tourbillonnant.
3. Personne voyageant dans une fusée en direction de l'espace.
4. Premier wagon d'un train.

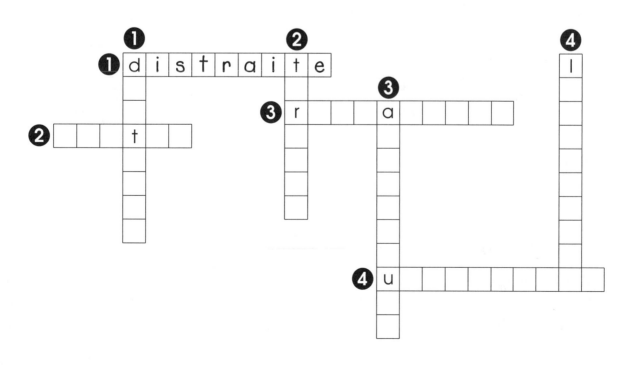

Un ou une amie?

1. Écris le nom de chaque illustration. Fais précéder chaque nom du déterminant *un* ou *une*.

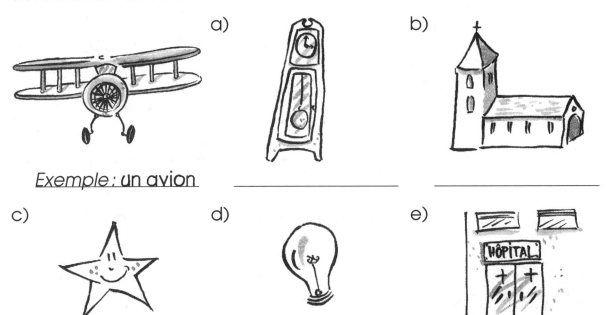

a)

b)

Exemple : un avion

_____

_____

c)

d)

e)

_____

_____

_____

2. Indique dans la bonne colonne si le nom est accompagné du bon déterminant.

	Oui	Non
a) une écharpe		
b) un affiche		
c) une autobus		
d) un habit		
e) un année		
f) une usine		
g) un élan		
h) une hélicoptère		
i) un orange		
j) un aéroport		

Attention, mon ami!

Classe ces mots selon la prononciation des lettres en gras.
Pour t'aider, observe les mots donnés en exemple.

a**cc**ordéon   a**tt**aquer   a**tt**ention   bai**s**er

chorale   dé**c**or   dé**s**ert   de**ss**ert

é**b**ullition   éruption   gratiner   ja**s**er

kaki   matinée   mi**s**ère   **qu**enouille

retard   ri**z**ière   su**ç**on   **Th**éo

(k)	(z)	(s)	(t)
carotte	maison	garçon	patate

Une bande dessinée

Complète le récit de cette bande dessinée.
N'oublie pas d'ajouter les dessins.

Des mots plein la tête !

Écris les classes de mots suivantes au-dessus des listes de mots correspondantes : noms communs, verbes, adjectifs.

cretons
crochet
feuille
garde-robe
lit
ménage
saumon
téléphone
truite
wagon

appeler
biffer
brosser
danser
effacer
frotter
laver
manger
mettre
sauter

coriace
dynamique
gourmand, gourmande
grand, grande
heureux, heureuse
immense
maladroit, maladroite
prudent, prudente
rural, rurale
talentueux, talentueuse

Je m'appelle...

**Complète ce poème en écrivant un prénom qui rime
avec le dernier mot de chaque phrase.
N'oublie pas la majuscule !**

Bonjour ! Je m'appelle _____,
j'aime l'école et le dessin.

Allô ! Mon prénom est _____,
je pratique la gymnastique.

Tourlou ! Moi, c'est _____,
j'adore la sauce à spaghetti.

Coucou ! Je m'appelle _____,
ma gourmandise, c'est les bonbons.

Hé ! C'est moi, _____,
je me mets souvent les pieds dans les plats.

Salut ! Je suis _____,
je collectionne les bateaux.

Holà ! Mon nom est _____,
Tania est ma meilleure amie.

Eh bien, moi, je m'appelle _____,
j'aime bien faire la cuisine.

Bonjour ! Je me prénomme _____,
je suis des cours de piano.

Biffer, rayer et raturer

**Après avoir suivi les consignes suivantes,
il te restera un mot de six lettres. Quel est ce mot?**

1. Biffe les verbes à l'infinitif.
2. Raye les noms de poissons.
3. Rature les noms de villes.
4. Biffe les adjectifs.
5. Raye les mots au pluriel.
6. Rature les mots qui riment avec *bonbon*.

manger	crapet	Rouyn	frotter
Saint-Jérôme	verbes	sole	rural
leçon	sauter	téléphones	perche
truite	prudente	Sherbrooke	tables
feuilles	cousin	courir	Sorel
maisons	Montréal	souriant	coriace
doré	citron	récréation	brosser
propre	saumon	Laval	futon
Prévost	danser	chiennes	wagons
laver	rustique	espadon	garçon
crochets	Chicoutimi	ballon	flétan
joyeux	savon	talentueuse	cretons

Réponse : ___ ___ ___ ___ ___ ___

Bientôt l'hiver...

Souligne dix verbes dans le texte ci-dessous et écris l'infinitif de chacun dans le tableau au bas de la page.

Super Zapp s'excite et saute sur son lit :
son père a décidé que Super Zapp l'aiderait
pour le grand ménage d'automne.
Super Zapp range ses vêtements d'été dans
une immense malle en osier. Puis, il sort tous
ses vêtements d'hiver de la garde-robe
de cèdre. Avec l'aide de son père,
il secoue le tapis de l'entrée. Enfin,
Super Zapp époussette tous les meubles
et passe l'aspirateur. Après deux heures,
le travail est terminé. Ouf ! Super Zapp savoure enfin un bon chocolat
chaud qu'il boit assis près d'un feu de foyer.

Verbe		Infinitif
	➡	
	➡	
	➡	
	➡	
	➡	
	➡	
	➡	
	➡	
	➡	
	➡	

Féminin... où te caches-tu ?

Quel est le féminin des occupations suivantes ?

berger

1. une _____

banquier

2. une _____

acteur

3. une _____

professeur

4. une _____

cultivateur

5. une _____

chanteur

6. une _____

technicien

7. une _____

chirurgien

8. une _____

pompier

9. une _____

© Les Éditions CEC inc. · **Reproduction interdite**

Jouons avec le présent

Écris au présent de l'indicatif le verbe qui est entre parenthèses.

(couper)

a) Pierre _____ du bois pour le foyer.

(faire)

b) Mes parents _____ l'épicerie le samedi.

(économiser)

c) Vous _____ de l'argent pour des vacances.

(espérer)

d) Nous _____ gagner à la loterie.

(finir)

e) Tu _____ tes devoirs avec ton amie.

(chanter)

f) Je _____ avec la chorale de mon quartier.

(partager)

g) Ma sœur _____ sa collation avec moi.

(faire)

h) Vous _____ de bons biscuits à l'avoine.

(collectionner)

i) Tu _____ les billes depuis longtemps.

(vouloir)

j) Elles _____ venir avec nous au cinéma.

Des phrases inventées

Utilise les mots proposés pour composer une phrase.
Respecte le genre et le nombre des mots proposés.

Exemple : (verte, biscuits, pomme)

Je mange une pomme verte et des biscuits.

1. (ballon, maison, rouge)

_____

2. (jardin, terre, tomates)

_____

3. (jungle, arbre, soleil)

_____

4. (camion, poubelle, sac)

_____

5. (père, cuisine, souper)

_____

6. (bleu, rouge, policier, vêtement)

_____

7. (escalier, école, classe, bibliothèque)

_____

8. (cuisine, table, repas, assiette, blanche)

_____

9. (rue, tomber, garçon, petit, genoux)

_____

10. (feuilles, automne, rouges, jaunes, belles)

_____

Un jeu de construction

Repère le féminin des mots au bas de la page dans cette grille.

M	Y	S	T	E	R	I	E	U	S	E	P
P	S	F	P	Z	E	G	S	O	S	L	R
R	I	C	A	R	Y	U	U	U	E	A	I
E	Y	M	L	M	I	R	E	M	E	C	N
M	E	G	P	V	I	U	Z	M	I	I	C
I	P	S	A	A	T	L	O	P	R	T	I
E	J	N	N	S	T	N	I	B	A	R	P
R	T	T	E	E	E	I	B	E	V	E	A
E	E	J	N	R	M	T	E	O	R	V	L
Y	A	R	P	Z	X	M	F	N	N	E	E
M	E	T	N	E	L	O	I	V	T	N	F
E	L	A	I	L	I	M	A	F	M	E	E

bon	majestueux	souriant
familial	mystérieux	suivant
familier	premier	varié
immense	prénom	vertical
impatient	principal	violent

Quel est le mot qui n'a pas de féminin ? _____

Tout un monde à découvrir !

Des mots plein la tête !

Écris ces mots sous la bonne colonne.

allongé, allongée	autocollants	bol
cinéma	ciré, cirée	défaire
écrire	enlever	énorme
épicerie	identique	occuper
pilote	prononcer	spécial, spéciale

Adjectifs	Noms communs	Verbes

Jeux de maux ou de mots?

**Trouve deux mots qui se prononcent de la même façon
mais qui ne s'écrivent pas de la même façon (des homonymes).**

Exemple : Synonyme d'aliments : me**ts**

Déterminant qui signifie *les miens* : m**es**

1. Liquide transparent que l'on boit : e __ __

   Le contraire de bas : h __ __ __

2. On l'appelle aussi *papa* : p __ __ __

   Deux objets identiques forment

   une p __ __ __ __

3. Vaste étendue où l'on peut faire pousser du blé : c __ __ __ __ __

   Une chanson ou un c __ __ __ __

4. Sœur de ma mère : t __ __ __ __

   Abri en toile servant à se reposer lorsque

   l'on va camper : t __ __ __ __

5. Récipient pour boire : v __ __ __ __

   Animal à corps mou et allongé,

   sans pattes : v __ __

   Couleur : v __ __ __

Un séjour à l'hôpital

**Lis la lettre ci-dessous et réponds ensuite
aux questions de la page suivante.**

Salut, cher Super Zapp !

Je m'appelle Julie et j'ai huit
ans. Tu sais, je suis une de tes plus
ferventes admiratrices. Je t'écris
pour te raconter une aventure
spéciale qui m'est arrivée il y
a deux semaines. J'ai subi la
première opération de ma
vie.

Tout a commencé il y a

au moins un an. J'étais toujours malade. J'avais mal aux oreilles :
je faisais des otites à répétition. J'avais souvent mal à la gorge :
je faisais des amygdalites. Et j'avais toujours le nez bouché : je faisais
parfois des sinusites. J'ai dû prendre sept ou huit séries d'antibiotiques
en un an. Mes parents, tristes de me voir ainsi malade, ont consulté
un oto-rhino-laryngologiste. Cet homme s'est bien occupé de moi.
Il a constaté que j'avais des maladies de la gorge, des oreilles et
du nez. Il a d'ailleurs décidé de m'opérer. Il allait donc enlever mes
amygdales (dans la gorge), mes adénoïdes (dans le nez) et me poser
des tubes (dans les oreilles).

L'opération s'est très bien passée. Je me suis vite rétablie. On dirait
même que ma voix a changé un peu. Ma mère a dit que je ne serais
plus malade. J'en suis très heureuse. Mais sais-tu ce que j'ai aimé le
plus de mon opération ? Les délicieuses sucettes glacées et les énormes
bols remplis de crème glacée au chocolat !

Un séjour à l'hôpital *(suite)*

1. Quelle aventure spéciale est arrivée à Julie ?

   _____

   _____

   _____

2. Nomme les trois parties du corps de Julie qui étaient souvent malades.

   _____ , _____ et _____ .

3. Comment nomme-t-on la maladie du « mal d'oreilles » ?

   _____

4. Vrai ou faux ?
   Julie a pris cinq ou six séries d'antibiotiques en un an.

   _____

5. Quel est le nom du médecin qui soigne les oreilles, le nez et la gorge ?

   _____-_____-_____

6. Qu'est-ce que Julie a aimé le plus de son opération ?

   _____

   _____

7. Trouve six adjectifs dans le texte et écris-les.

   _____ _____ _____

   _____ _____ _____

8. Raconte brièvement une opération que tu as subie ou qu'un membre de ta famille a subie.

   _____

   _____

   _____

   _____

Un verbe n'attend pas l'autre

1. **Indique si la phrase est au présent, au passé ou au futur en cochant la case appropriée.**

	Présent	Passé	Futur
a) J'achète de la nourriture à l'épicerie.			
b) Hier soir, j'ai vu un film au cinéma.			
c) Mon frère fait du jogging ce matin.			
d) Je deviendrai pilote d'avion.			
e) Je visitais ma grand-mère.			

2. **Compose une phrase pour chaque temps demandé en utilisant le verbe _découvrir_.**

Présent : _____

_____

Passé : _____

_____

Futur : _____

_____

Des mots plein la tête !

Complète la liste des adjectifs en écrivant leur masculin.

Noms communs

animal
métier
quartier
boulevard
localité
chaudron
soulier
cire
verbe
décorateur, décoratrice

Verbes

vivre
rendre
manquer
fuir
remarquer
chercher
lancer
exercer
cogner
diriger

Adjectifs

_____, animée
_____, désemparée
_____, rocambolesque
_____, scolaire
_____, mauvaise
_____, gelée
_____, primaire
_____, grosse
_____, jeune
_____, chaude

Des animaux expressifs

**Les expressions ci-dessous ont été modifiées :
les noms d'animaux ont été remplacés par d'autres mots.
Remplace le mot souligné par le nom d'animal
qui complète habituellement l'expression.**

Exemple : Verser des larmes <u>d'automobile</u>. de crocodile

a) Avoir une mémoire d'<u>élégant</u>. _____

b) Être rusé comme un <u>canard</u>. _____

c) Donner sa langue au <u>bras</u>. _____

d) Monter sur ses grands <u>cheveux</u>. _____

e) Arriver comme un <u>bain</u> dans un jeu de quilles. _____

f) Tourner comme un <u>pion</u> en cage. _____

g) Être heureux comme un <u>piéton</u> dans l'eau. _____

h) On n'apprend pas à un <u>peigne</u> à faire des grimaces. _____

i) Manger de la <u>gouache</u> enragée. _____

j) Avoir une taille de <u>crêpe</u>. _____

L'origine des mots

✎ Info-Zapp

Les préfixes se placent devant les mots et permettent de former de nouveaux mots.

---

1. **Forme des antonymes (mots contraires) en ajoutant le préfixe *il-*, *in-*, *im-* ou *ir-* aux mots de base suivants.**

   a) discret

   b) patient

   c) possible

   d) réel

   e) responsable

   f) battable

   g) légal

   h) actif

   i) lisible

   j) attention

✎ Info-Zapp

Un mot de base est le mot ou la partie de mot qui se trouve dans tous les mots de la même famille.

---

2. **Encadre le mot de base ou la partie de mot de base dans les groupes de mots suivants.**

   Exemple : éclairer, éclairage, éclaircir

   a) légalement, légalité, illégal, légalisation

   b) finalement, infinité, final, finalité

   c) colorier, coloriage, coloriste, colorant

   d) décompte, compter, comptage, comptable

   e) trotter, trottinette, trot, trottoir

Des idées en tête

1. Écris six mots qui se rattachent à chacun des thèmes proposés.

Exemple : garage

voiture
outil
pneu
saleté
graisse
réparation

À ton tour !

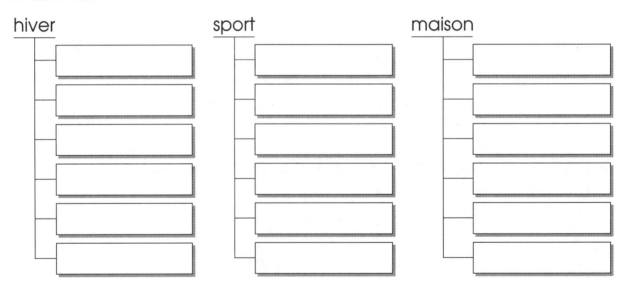

hiver

sport

maison

2. Compose maintenant deux phrases en choisissant un mot dans chacun des thèmes de l'exercice précédent. Encadre les trois mots choisis dans chacune de tes phrases.

a) _____

b) _____

Lexique

Verbalisons...

L'ami de Super Zapp est désemparé.
Il cherche désespérément sa _____.
Pour trouver ce qu'il cherche, conjugue les verbes suivants
au présent de l'indicatif.

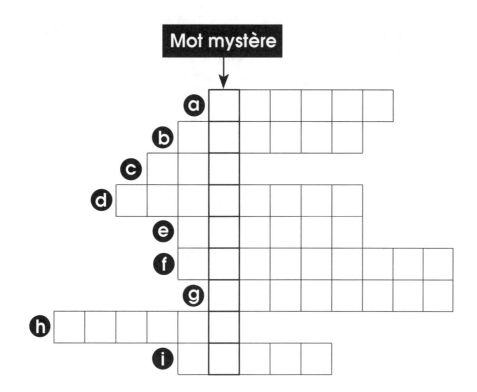

a) je (classer)

b) tu (manger)

c) tu (vivre)

d) nous (manquer)

e) elles (fuir)

f) vous (remarquer)

g) ils (trouver)

h) elles (dire)

i) tu (rendre)

Des sacs endiablés

Écris les numéros des sacs de sable contenant des mots masculins dans les trous correspondants du jeu de poche, selon leur terminaison au féminin.

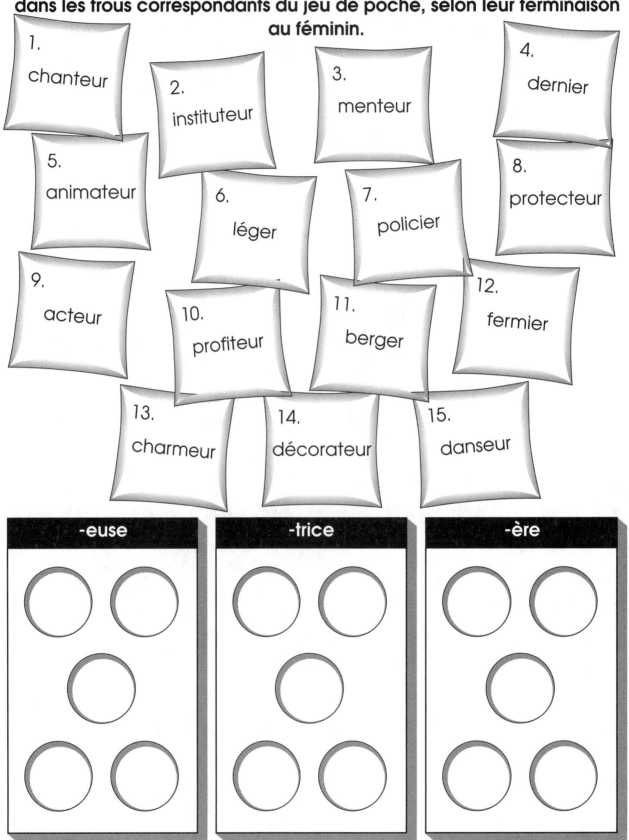

1. chanteur
2. instituteur
3. menteur
4. dernier
5. animateur
6. léger
7. policier
8. protecteur
9. acteur
10. profiteur
11. berger
12. fermier
13. charmeur
14. décorateur
15. danseur

-euse	-trice	-ère

Une histoire rocambolesque

Complète la petite histoire à l'aide de la banque d'adjectifs suivante.

longue	noir	chaude
primaire	mauvais	givrée
bleue	jaune	
gros	scolaire	

Les malheurs de Justine

Ce matin, tout allait mal. Ce n'était pourtant pas «vendredi 13».

Malheureusement, Justine, une fille de 3ᵉ année, a dû se lever du

_____ pied ce matin. En effet, en se dirigeant vers la salle

de bains, elle s'est cogné le _____ orteil contre sa chaise.

Ses rôties ont brûlé et, pendant qu'elle prenait sa douche, Justine a

tout à coup constaté qu'il n'y avait plus d'eau _____.

En arrivant dans la cuisine, elle a échappé la tasse _____

que sa grand-mère lui avait donnée. Décidément, ça allait très mal !

Et pour couronner le tout, en regardant par la fenêtre_____,

elle a aperçu un autobus _____ _____ qui

passait devant chez elle. Ah non ! Elle a décidé de marcher pour se

rendre à son école _____. En souhaitant qu'elle ne

rencontre pas un chat _____ ou une _____

échelle en dessous de laquelle elle devrait passer. Quelle poisse !

Des mots plein la tête!

Indique le genre des noms en écrivant *un* ou *une* devant chacun.

Noms communs

_____ moustique

_____ caramel

_____ photographie

_____ fenêtre

_____ planète

_____ soucoupe

_____ phoque

_____ éléphant, _____ éléphante

_____ sofa

_____ pompier, _____ pompière

Verbes

balayer

croquer

fouiller

ronfler

chuchoter

bâiller

chérir

applaudir

surprendre

communiquer

Adjectifs

possible

amical, amicale

particulier, particulière

nouveau, nouvelle

rougeâtre

tapageur, tapageuse

correct, correcte

interrogatif, interrogative

petit, petite

correspondant, correspondante

Des métiers peu connus...

Super Zapp a entendu parler de métiers qu'il ne connaissait pas.
Aide-le à associer les métiers avec les définitions correspondantes
en écrivant le bon chiffre dans la case.

a) apiculteur ☐   1. Éleveur d'abeilles.

b) aviculteur ☐   2. Éleveur d'oiseaux, de volailles.

c) cultivateur ☐   3. Personne chargée de procéder à des enquêtes.

d) emballeur ☐   4. Personne chargée de surveiller et de contrôler.

e) enquêteur ☐   5. Personne dont le métier est de saler les aliments, de faire des salaisons.

f) imitateur ☐   6. Personne qui cultive la terre.

g) inspecteur ☐   7. Personne qui fait des massages.

h) masseur ☐   8. Personne qui imite.

i) saleur ☐   9. Personne spécialisée dans l'emballage des marchandises.

Compléments fous!

Complète chaque phrase en répondant aux questions suivantes.

a) Super Zapp mange
- où? _____
- quand? _____
- quoi? _____

b) Son amie dessine
- où? _____
- quand? _____
- quoi? _____

c) Sa mère répare
- où? _____
- quand? _____
- quoi? _____

d) Son père cuisine
- où? _____
- quand? _____
- quoi? _____

e) Son oncle observe
- où? _____
- quand? _____
- quoi? _____

Des lettres
qui aiment les « m »

1. Écris *an, am, en* ou *em.*

a) _____poule

b) d_____ser

c) sept_____bre

d) r_____per

e) _____prisonner

f) ch_____bre

g) j_____be

h) cr_____pe

i) r_____ger

j) ch_____ger

2. Écris *on* ou *om.*

a) p_____t

b) p_____pe

c) b_____be

d) r_____de

e) t_____dre

f) r_____pre

g) t_____ber

h) p_____pier

i) gr_____der

j) bout_____ner

3. Complète la règle suivante.

On écrit *am, em* ou *om* devant les lettres _____ et _____.

Des groupes du nom

Classe les mots soulignés dans le tableau au bas de la page.

Et si on variait <u>le</u> <u>menu</u>?

<u>Mon</u> <u>père</u> et <u>ma</u> <u>mère</u> sont <u>deux</u> <u>maniaques</u> du tofu et de la luzerne.
Ils en mettent dans tous <u>les</u> <u>mets</u>. Pour déjeuner, dîner et souper…
<u>Une</u> <u>chance</u> qu'il n'y a pas quatre repas par jour! J'en ai même
retrouvé dans mon lunch d'hier. <u>Des</u> <u>saucisses</u> au tofu accompagnées
d'un lait de soya et, bien entendu, d'une salade de luzerne.
Ils achètent toujours <u>des</u> <u>légumes</u>, <u>des</u> <u>fruits</u>, du tofu et de la luzerne.
Je me sens «granola» jusqu'au bout <u>des</u> <u>doigts</u>… et plus encore!

	Déterminants	Noms
Féminin singulier		
Féminin pluriel		
Masculin singulier		
Masculin pluriel	deux	maniaques

Des verbes mélangés

Replace les lettres des verbes suivants dans l'ordre et relie chaque verbe à l'image correspondante.

1. e r p e r c _____ a)

2. r q u e c o r _____ b)

3. c i e r s _____ c)

4. l a n p e r t _____ d)

5. o u i f l l r e _____ e)

6. r e l f n r o _____ f)

7. l y e r a a b _____ g)

8. r e l l i b â _____ h)

9. n s e i r t _____ i)

10. c h o u h c r e t _____ j)

D'une syllabe à l'autre

Dix mots se cachent dans ces bulles.
Utilise une syllabe par colonne et reconstitue ces dix mots.

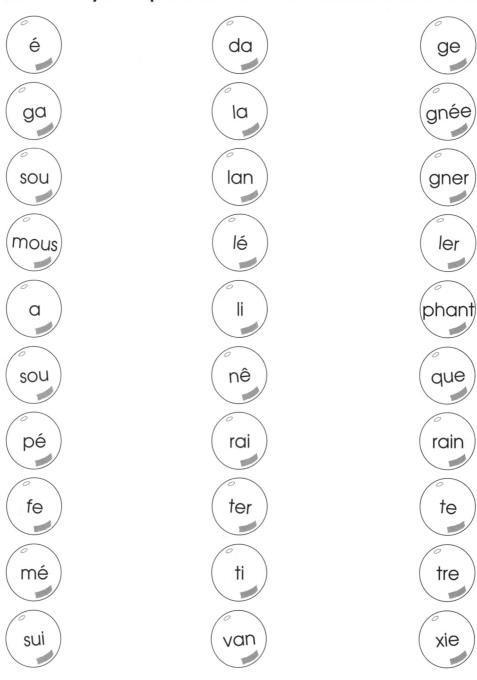

é	da	ge
ga	la	gnée
sou	lan	gner
mous	lé	ler
a	li	phant
sou	nê	que
pé	rai	rain
fe	ter	te
mé	ti	tre
sui	van	xie

_____   _____

_____   _____

_____   _____

_____   _____

_____   _____

Des verbes entrecroisés

Remplis la grille en conjuguant
les verbes au présent
de l'indicatif et à la
personne demandée. Commence
par les verbes les plus longs.

Verbes de 3 lettres

(rire)   je   _____

(lire)   elle   _____

(battre)   il   _____

Verbes de 4 lettres

(crier)   je   _____

(frire)   tu   _____

(nuire)   je   _____

(cuire)   tu   _____

(dormir)   tu   _____

(fuir)   il   _____

Verbe de 5 lettres

(rendre)   tu   _____

Verbe de 6 lettres

(chérir)   elle   _____

Verbes de 7 lettres

(déneiger) je   _____

(trancher) elle   _____

(fournir)   je   _____

(partager) il   _____

Verbes de 8 lettres

(pardonner) je   _____

(surprendre) il   _____

Verbes de 9 lettres

(chuchoter) tu   _____

(applaudir) tu   _____

Verbe de 11 lettres

(communiquer) tu   _____

Amusons-nous un peu !

Trouve la réponse des rébus suivants.

Exemple :  = scie + tronc = citron

1. 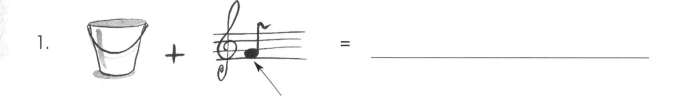 = _____

2. = _____

3. = _____

4. = _____

5. = _____

Blanc comme neige!

Des mots plein la tête !

Transcris les noms communs et les verbes dans l'ordre alphabétique.

Noms communs

trompette _____

piano _____

guitare _____

hibou _____

manteau _____

bouche _____

cloche _____

tasse _____

oiseau _____

flûte _____

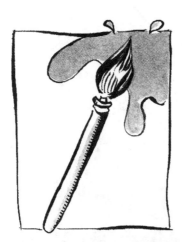

Verbes

choisir _____

découvrir _____

accorder _____

rattacher _____

décider _____

peindre _____

écouter _____

réfléchir _____

étudier _____

japper _____

Adjectifs

bruyant, bruyante

strident, stridente

multicolore

étincelant, étincelante

instrumental, instrumentale

imparfait, imparfaite

noir, noire

traversier, traversière

criard, criarde

différent, différente

Lexique

Des flocons instrumentaux

Nomme les instruments de musique qui sont illustrés à l'intérieur des flocons. Choisis tes réponses dans la banque d'instruments suivante.

accordéon	batterie	clarinette	flûte
piano	saxophone	trombone	
trompette	tuba	violon	

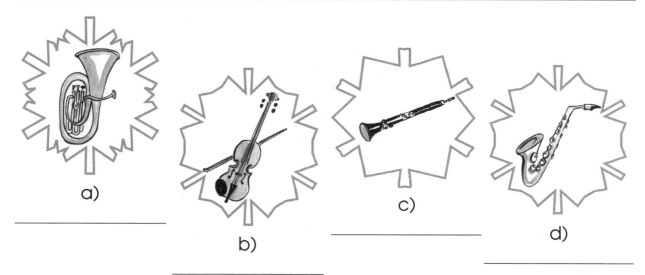

a) _____

b) _____

c) _____

d) _____

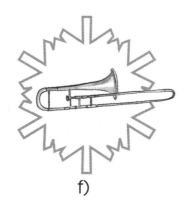
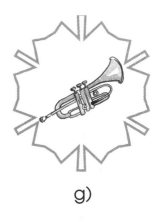

e) _____

f) _____

g) _____

h) _____

i) _____

j) _____

La pêche miraculeuse

Accorde les poissons du lac gelé au pluriel en ajoutant « s » ou « x ».

Des verbes futuristes

1. Ces verbes doivent être conjugués au futur simple. À toi d'écrire la bonne terminaison.

a) Je dessin _____

b) Il prépar _____

c) Nous mang _____

d) Elles dans _____

e) Tu parl _____

f) Vous appel _____

g) Elle japp _____

h) L'ouvrier clou _____

i) Patrick écri _____

j) Lise coiff _____

k) Valérie étudi _____

l) Gitane et Tommy écout _____

m) Vous lav _____

n) Nous réfléchi _____

o) Les chats miaul _____

2. Écris les phrases suivantes au futur simple.

a) Je regardais les oiseaux qui mangeaient sur ma galerie.

_____

b) Tous les samedis, je fais du ski alpin.

_____

c) Mia préfère jouer au hockey.

_____

d) Tristan s'amuse avec son frère Sébastien.

_____

e) Vous n'arrivez pas au bon moment.

_____

La course aux adjectifs

Utilise un dictionnaire et trouve deux adjectifs qui commencent par chacune des lettres suivantes.

a _____ b _____ c _____

_____ _____ _____

d _____ e _____ f _____

_____ _____ _____

g _____ i _____ j _____

_____ _____ _____

l _____ m _____ n _____

_____ _____ _____

p _____ r _____ s _____

_____ _____ _____

t _____ v _____

_____ _____

Une histoire à dormir debout

Compose une histoire à l'aide des illustrations suivantes.

_____
_____
_____
_____

_____
_____
_____
_____

_____
_____
_____
_____

_____
_____
_____
_____

_____
_____
_____
_____

Des mots plein la tête !

Encercle, dans chaque liste de mots, le mot
qui n'est pas correctement placé dans l'ordre alphabétique.

Noms communs

cage
coffre
dictionnaire
hiver
poème
paysage
ski
sport
vêtement

Verbes

ajouter
attirer
composer
illustrer
habiter
lever
penser
porter
séparer
terminer

Adjectifs

agressif, agressive
doux, douce
gentil, gentille
honnête
lourd, lourde
joli, jolie
piquant, piquante
précis, précise
propre
visible

Des frissons d'erreurs!

Super Zapp a confondu l'orthographe de plusieurs mots
qui se prononcent de la même façon (des homonymes).
À toi de les écrire correctement au-dessus.

Je suis 「trait」 heureux que l'hiver soit arrivé. Je 「peu」

pratiquer 「mais」 sports préférés. 「Toux」 d'abord, j'adore

jouer 「haut」 hockey avec 「mets」 amis qui habitent sur

「m'a」 rue. Nous 「jouont」 chaque samedi matin. Par la

suite, nos parents nous reconduisent sur 「lait」 pistes de ski.

J'ai commencé à 「fer」 de la planche à neige. Je trouve

que 「ces」 un sport assez difficile. Je tombe souvent. Nous

terminons notre journée devant un 「bond」 jeu vidéo.

Des questions de réchauffement

**Super Zapp se prépare à participer à un jeu sur le français.
Aide-le à répondre aux questions qui lui seront posées.**

1. Trouve trois adjectifs commençant par la lettre « p ».

   _____   _____   _____

2. À quelle page du dictionnaire trouves-tu les mots suivants ?

   a) anniversaire _____

   b) chandelle _____

   c) visiteur _____

3. Vrai ou faux ? Le verbe *observer* à l'imparfait de l'indicatif,

   3ᵉ personne du pluriel, s'écrit : ils observeront.

   _____

4. Écris les mots suivants au pluriel.

   a) un chameau ⤏ des _____

   b) un bateau ⤏ des _____

   c) un pneu ⤏ des _____

   d) un bijou ⤏ des _____

   e) une mitaine ⤏ deux _____

5. Classe ces cinq mots en ordre alphabétique.

   a) longueur _____

   b) longtemps _____

   c) longitude _____

   d) longuet _____

   e) longer _____

Les contraires s'attirent...

Écris le contraire des mots ci-dessous.
Choisis tes réponses dans la banque de mots suivante.

vaillante	terne	silencieux	sale
patient	pâle	neuf	méchant
malhonnête	lent	léger	invisible
injuste	froide	franc	fade
doux	déterminé	désagréable	courbe

a) impatient ➠ _____

b) lourd ➠ _____

c) gentil ➠ _____

d) visible ➠ _____

e) chaude ➠ _____

f) brillante ➠ _____

g) usagé ➠ _____

h) vite ➠ _____

i) propre ➠ _____

j) paresseuse ➠ _____

k) agressif ➠ _____

l) honnête ➠ _____

m) menteur ➠ _____

n) indécis ➠ _____

o) foncé ➠ _____

p) juste ➠ _____

q) piquante ➠ _____

r) droit ➠ _____

s) bruyant ➠ _____

t) agréable ➠ _____

Où est la fin?

**Relie chaque groupe du nom au bon groupe du verbe.
Attention! Plus d'une combinaison est parfois possible.**

Le chat de Super Zapp   visite la ville de Paris.

Son cousin et sa cousine   sont épuisées par leur voyage.

Elles   s'endorment sur le divan du salon.

Grand-papa   rangerez le garage.

Toute la famille   prépare un bon repas.

Ils   irons jouer au parc.

La voiture   est garée dans le garage.

Nos deux visiteurs   chasse une souris.

Toi et moi   arrivent de la France.

Papa et toi   achètent de jolis souvenirs.

Le grenier de Super Zapp

Écris le nom des objets numérotés au bon endroit dans la grille.

Des mots plein la tête !

Noms communs	Verbes	Adjectifs
raquette	rigoler	sec, sèche
foyer	patiner	robuste
carton	vaporiser	fier, fière
poubelle	enjamber	travaillant, travaillante
patate	hiberner	vieux, vieille
poêle	dédicacer	moderne
lèvre	brouter	vif, vive
serpent	se tortiller	siamois, siamoise
charrue	sécher	venimeux, venimeuse
époque	chauffer	froid, froide

Compose quelques phrases au pluriel à l'aide de ces mots.

_____

_____

_____

_____

_____

_____

_____

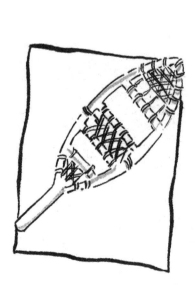
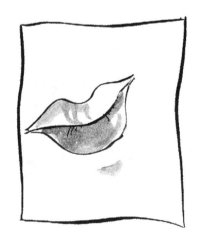

Des phrases en trois temps

**Écris les phrases suivantes à l'imparfait, au présent
et au futur simple de l'indicatif.**

1. Les petites patates (rissoler) dans la poêle.

   a) imparfait : _____

   b) présent : _____

   c) futur : _____

2. Ma chatte siamoise (ronronner) de plaisir près du foyer.

   a) imparfait : _____

   b) présent : _____

   c) futur : _____

3. Le serpent venimeux (se tortiller) autour d'une branche sèche.

   a) imparfait : _____

   b) présent : _____

   c) futur : _____

4. L'eau froide de la fontaine (jaillir) sur mes lèvres.

   a) imparfait : _____

   b) présent : _____

   c) futur : _____

Des verbes imparfaits

Conjugue les verbes suivants à l'imparfait de l'indicatif, 2ᵉ pers. plur., et inscris-les au bon endroit dans la grille.

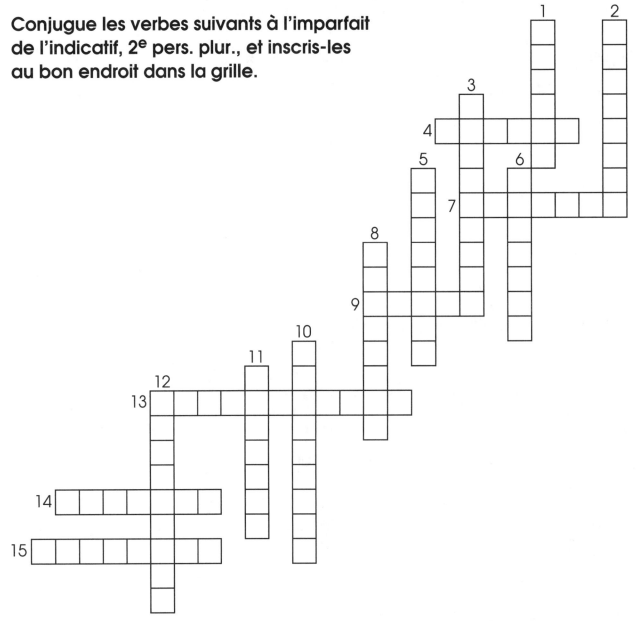

Horizontalement
4. tenir
7. tracer
9. avoir
13. connaître
14. mettre
15. frotter

Verticalement
1. laver
2. appeler
3. remettre
5. brosser
6. parler
8. classer
10. posséder
11. faire
12. corriger

Retour vers le passé

Souligne les verbes qui sont conjugués à l'imparfait de l'indicatif.

Un cultivateur pas comme les autres

Mon arrière-grand-père est né en 1900. Autrefois, il vivait avec ses six frères, ses quatre sœurs et ses parents sur une petite ferme au fond d'un rang. Tout jeune, il aidait beaucoup son père. Il apprenait à travailler sur la terre, à cultiver les champs et à élever le bétail. Plus tard, il a possédé son propre lopin de terre. Il avait alors 30 ans. C'était un homme robuste, fier et travaillant. Il adorait labourer sa terre à l'aide de sa vieille charrue tirée par ses deux plus jeunes chevaux. Il élevait alors des poules, des vaches et quelques porcs. À cet âge, il avait déjà sept enfants. Les plus petits allaient à la petite école du village et les plus vieux travaillaient dans le champ ou dans la maison. « C'était le bon vieux temps », me disait souvent mon arrière-grand-père. Je ne sais pas si c'est vrai mais, foi de Super Zapp, j'adore mon époque moderne !

Retour vers le passé *(suite)*

1. En quelle année est né l'arrière-grand-père de Super Zapp ?

   _____

2. Dans le texte, trouve le contraire des mots suivants.

   a) Maintenant _____

   b) Mort _____

   c) Vieux _____

   d) Fragile _____

   e) Faux _____

3. Trouve cinq adjectifs dans le texte.

   _____

   _____

   _____

   _____

   _____

4. Selon toi, qu'est-ce qu'un lopin de terre ?

   _____

5. Quelle est l'expression que l'arrière-grand-père de Super Zapp utilisait et qui signifie qu'il vivait bien en son temps ?

   _____

6. Quel est l'infinitif des verbes suivants ?

   a) vivait : _____   d) apprenait : _____

   b) élevait : _____   e) a possédé : _____

   c) adorait : _____

7. Toi, aurais-tu aimé vivre dans ce temps-là ? Pourquoi ?

   _____

   _____

Le groupe sujet

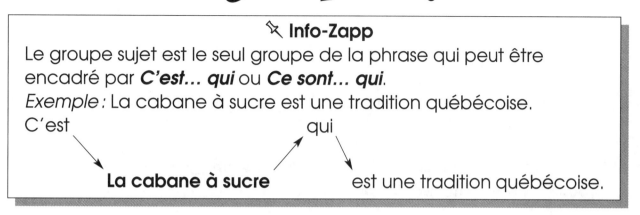

Info-Zapp

Le groupe sujet est le seul groupe de la phrase qui peut être encadré par *C'est... qui* ou *Ce sont... qui*.

Exemple : La cabane à sucre est une tradition québécoise.

C'est   qui

La cabane à sucre   est une tradition québécoise.

Trouve le GS (groupe sujet) de chaque phrase et écris-le dans la case.

a) La famille de Super Zapp s'amuse souvent.

C'est [   ] qui s'amuse souvent.

b) Louis et Maya dormiront dans la chambre d'invités.

Ce sont [   ] qui dormiront dans la chambre d'invités.

c) Les oiseaux migrateurs peuplent notre région.

Ce sont [   ] qui peuplent notre région.

d) Mon nouvel ordinateur sera livré lundi.

C'est [   ] qui sera livré lundi.

e) Éric peut venir chez moi demain.

C'est [   ] qui peut venir chez moi demain.

Quel est ton pronom ?

> ✗ **Info-Zapp**
>
> Le groupe sujet peut être remplacé par un pronom comme *il*, *elle* ou *ils*, *elles*.
>
> *Exemple :* **Mes sœurs** me taquinent. → **Elles** me taquinent.

1. Écris le bon pronom au-dessus de chaque GS (groupe sujet) et ajoute *e* ou *ent* au verbe selon le cas.

(_____)

a) **Mon cousin** préfèr_____ jouer au hockey que de faire du ski.

(_____)

b) **Ces hommes** rigol_____ tous ensemble en jouant aux cartes.

(_____)

c) **Judith, Colin et Manuel** patin_____ sur la glace vive.

(_____)

d) **Ta mère** vaporis_____ sa plante avec un insecticide tous les jours.

(_____)

e) **Les électriciens** enjamb_____ les fils électriques tombés par terre.

2. Souligne le bon GS dans les phrases suivantes.

a) (Les ours / L'ours) hiberne à chaque hiver.

b) (Ces vaches / Cette vache) broutent dans le pré.

c) (Les auteurs / L'auteur) aime dédicacer ses livres.

d) (Mon père / Mes frères) aide ma mère.

e) (Le plombier / Le plombier et l'électricien) viendra faire des réparations chez moi.

Hop là ! La nature s'éveille !

Des mots plein la tête !

Noms communs	Verbes	Adjectifs
bague	mouiller	fort, forte
sanglier	compléter	coquin, coquine
porc	grogner	mignon, mignonne
bouc	caqueter	malin, maline
âne	barrir	touffu, touffue
baleine	ululer	dalmatien, dalmatienne
nourriture	rajouter	clair, claire
cacahuète	franchir	vaste
couguar	récupérer	cadet, cadette
boue		visqueux, visqueuse

Choisis un mot dans les listes et compose une charade.

Exemple :

Mon premier est un rongeur.

Mon second est une partie du visage.

Mon dernier est la seule consonne dans le *mot été*.

Mon tout est un verbe régulier en *-er*.

Réponse : rat + joue + t = rajouter

La zoofolie !

**Super Zapp a perdu sa montre en donnant à manger aux animaux.
Lis les indices et trouve l'endroit où la montre est tombée.**

Indices

1. La montre de Super Zapp est tombée dans un endroit où il y a des animaux.

2. Heureusement, Super Zapp n'a pas à se mouiller pour prendre la montre.

3. Super Zapp n'a pas à franchir de barreaux pour la récupérer.

4. La montre se trouve près du parc clôturé le plus au sud.

5. La montre de Super Zapp est tout près d'un grand reptile.

Réponse : La montre de Super Zapp est à côté

du _____.

Un jeu «animalusant»

Trouve le féminin de chacun des animaux suivants.
Commence à la case DÉPART.

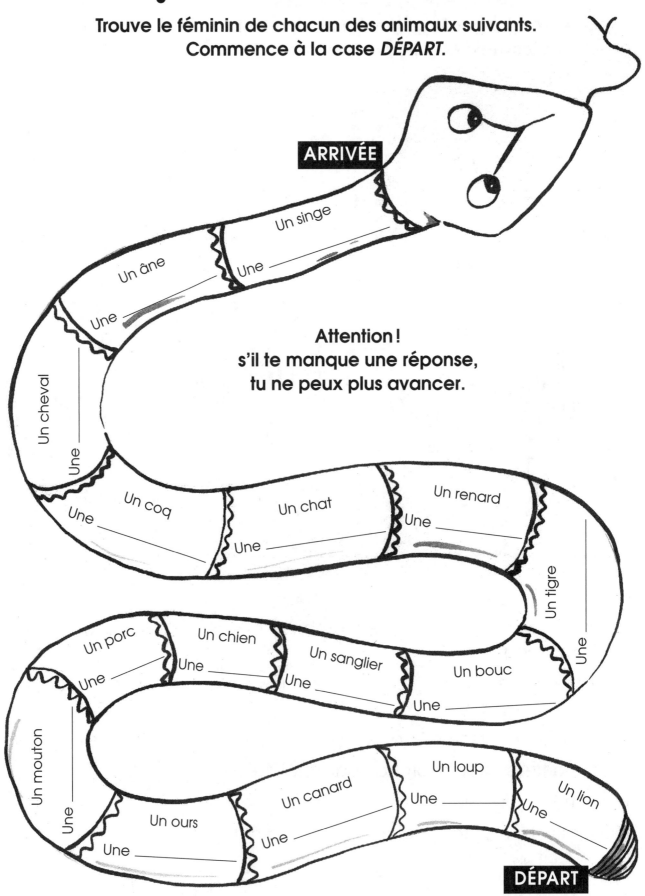

ARRIVÉE

Un singe
Une _____

Un âne
Une _____

Attention !
s'il te manque une réponse,
tu ne peux plus avancer.

Un cheval
Une _____

Un coq
Une _____

Un chat
Une _____

Un renard
Une _____

Un tigre
Une _____

Un porc
Une _____

Un chien
Une _____

Un sanglier
Une _____

Un bouc
Une _____

Un mouton
Une _____

Un ours
Une _____

Un canard
Une _____

Un loup
Une _____

Un lion
Une _____

DÉPART

68

Les petits des grands

Complète les phrases suivantes en trouvant le petit
de chaque animal et en ajoutant un adjectif.
Aide-toi de l'encadré au bas de la page.
N'oublie pas de faire les accords nécessaires.

Exemple : J'ai eu un *joli* chaton hier.

1. Il y a un _____ _____ dans le vaste bois.

2. Les _____ _____ suivent leur
   mère à la queue leu leu.

3. Le _____ _____ fait jaillir beaucoup d'eau.

4. Le petit _____ _____ s'amuse
   dans l'herbe.

5. Les _____ _____ attendent
   leur nourriture.

6. Ma sœur cadette observe les _____ _____
   à travers les vitres claires de l'animalerie.

7. Les _____ sont _____ avec leur laine
   blanche.

8. Ils sont très _____ ces _____.

9. Les petits _____ _____ courent dans le champ.

10. Un _____ _____ sautille près
    de son terrier.

Adjectifs			
- doux	- gentil	- immense	- jeune
- rusé	- petit	- fort	- mignon
- coquin	- énorme	- impatient	- tacheté
- blessé	- malin	- maladroit	- touffu

Une jungle de négations

**Transforme les phrases suivantes en phrases négatives
en encadrant le verbe de *ne... pas*, *ne... jamais* ou *ne... plus*.**

Exemple : Mon chat ronronne quand je le caresse tendrement.

Mon chat **ne** ronronne **pas** quand je le caresse tendrement.

1. Les loups hurlent dans la nuit.

_____

_____

2. Le chien dalmatien jappe pour avoir de la nourriture.

_____

_____

3. Le hibou ulule très fort sur sa grosse branche.

_____

_____

4. Les porcs grognent en se roulant dans la boue visqueuse.

_____

_____

5. La grenouille coasse lorsque la soirée arrive.

_____

_____

Avec ou sans vertèbres?

1. Trouve dans ton dictionnaire la définition des deux mots ci-dessous.

Vertébré : _____

_____

Invertébré : _____

_____

2. Les animaux suivants sont-ils vertébrés ou invertébrés?

Animal	Vertébré	Invertébré
couguar		
ornithorynque		
tapir		
crevette		
ver de terre		
furet		
moule		
hyène		
raie		
cobra		

Suis-je un vertébré ou un invertébré?

Le sujet du roi Silamon

En lisant ce texte, trouve et souligne le GS (groupe sujet) de chaque verbe encadré. Rappelle-toi que le GS peut être encadré par *C'est... qui* ou *Ce sont... qui*.

Akimbaya $\boxed{\text{est}}$ le sujet préféré du roi Silamon. C'est un homme costaud, bronzé et aux dents blanches et brillantes. Tous les jours, il $\boxed{\text{a}}$ comme tâche de conduire son roi partout où il le $\boxed{\text{désire}}$. Il $\boxed{\text{doit}}$ laver le linge du roi, faire ses repas et acheter tout le tralala. Les enfants du roi lui $\boxed{\text{donnent}}$ également du fil à retordre. Les cinq petits monstres $\boxed{\text{crient}}$ et se $\boxed{\text{chamaillent}}$ à longueur de journée. Et que dire des animaux domestiques, si on $\boxed{\text{peut}}$ les appeler ainsi. Trois chiens de garde qui $\boxed{\text{bavent}}$ partout sur les planchers cirés, deux chats siamois poilus qui se $\boxed{\text{pavanent}}$ et $\boxed{\text{s'étendent}}$ sur les beaux habits neufs du roi et, pour couronner le tout, un piranha affamé qui $\boxed{\text{dévore}}$ un demi-kilo de jambon cuit par semaine. Ce n'est vraiment pas tous les jours la vie de château !

Et pourquoi pas quelques devinettes?

Trouve les réponses aux devinettes suivantes.

1. Je suis ronde.
   On m'utilise pour payer des choses.
   Sur ma face, on voit des visages
   de personnes célèbres.

   _____

2. Je suis très populaire auprès des sorcières.
   Je sers à nettoyer les planchers.
   On me suspend pour faire des
   décorations sur les portes des maisons.

   _____

3. Je sers à suspendre des lustres.
   On me couvre de couleurs.
   Mon nom commence par la lettre « p ».
   Je suis présent dans chaque pièce
   de la maison.

   _____

4. On doit me couper fréquemment.
   On peut me vernir de couleurs.
   Je me trouve aux orteils et aux doigts.
   Je sers également à gratter plusieurs choses.

   _____

5. Je suis transparent.
   On m'utilise pour fabriquer certains objets.
   Je sers également de récipient pour boire.

   _____

Les pronoms du printemps

Ajoute le pronom personnel qui complète les phrases suivantes.
Observe bien le verbe.
Attention ! Parfois, plus d'un pronom personnel peut convenir.

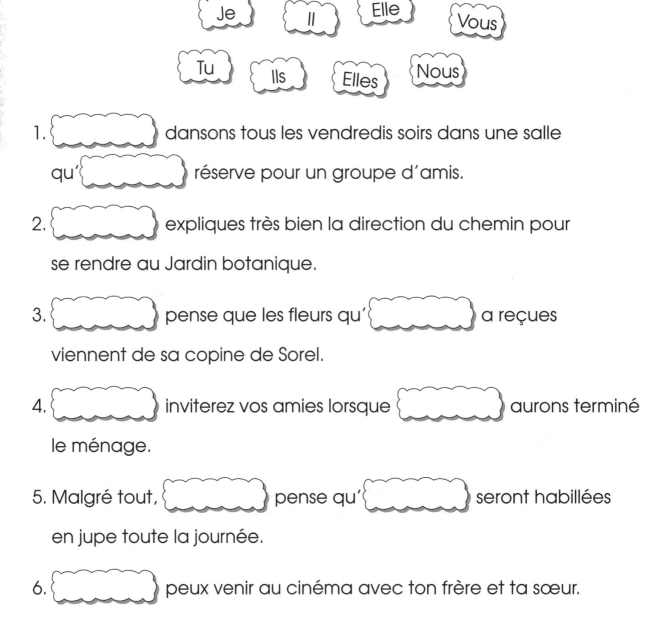

Je Il Elle Vous

Tu Ils Elles Nous

1. _____ dansons tous les vendredis soirs dans une salle

qu'_____ réserve pour un groupe d'amis.

2. _____ expliques très bien la direction du chemin pour

se rendre au Jardin botanique.

3. _____ pense que les fleurs qu'_____ a reçues

viennent de sa copine de Sorel.

4. _____ inviterez vos amies lorsque _____ aurons terminé

le ménage.

5. Malgré tout, _____ pense qu'_____ seront habillées

en jupe toute la journée.

6. _____ peux venir au cinéma avec ton frère et ta sœur.

Syntaxe

Attention !
Le dictionnaire arrive !

Super Zapp s'est amusé à mal orthographier des adjectifs.
Grâce à ton dictionnaire, essaie de corriger ses fautes.
Un seul adjectif est bien écrit. Lequel ?

_____

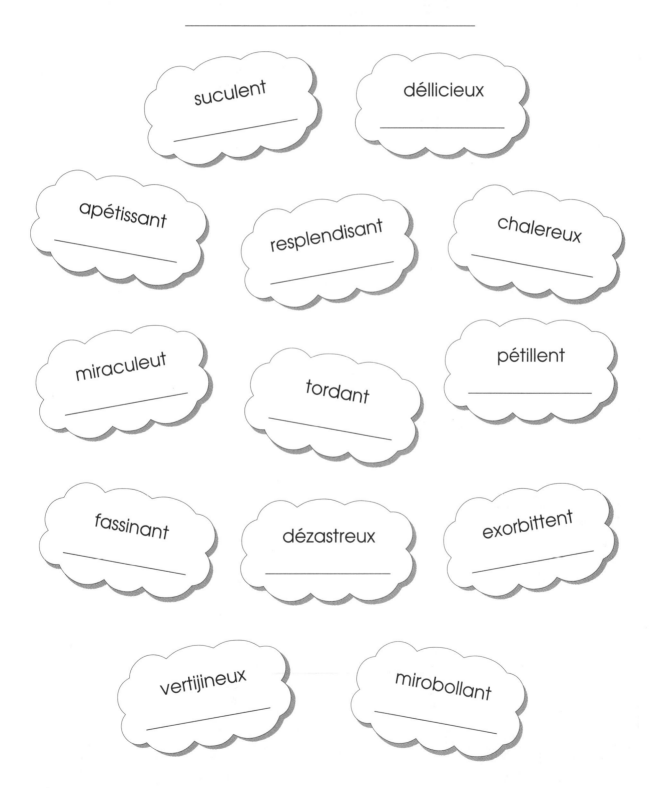

suculent _____

déllicieux _____

apétissant _____

resplendisant _____

chalereux _____

miraculeut _____

tordant _____

pétillent _____

fassinant _____

dézastreux _____

exorbittent _____

vertijineux _____

mirobollant _____

De l'action chaque mois

Écris trois verbes qui conviennent bien à chaque mois de l'année.
Pour t'inspirer, pense aux fêtes qui ont lieu pendant ces mois
et au temps qu'il fait.

Janvier
_____
_____
_____

Février
_____
_____
_____

Mars
_____
_____
_____

Avril
_____
_____
_____

Mai
_____
_____
_____

Juin
_____
_____
_____

Juillet
_____
_____
_____

Août
_____
_____
_____

Septembre
_____
_____
_____

Octobre
_____
_____
_____

Novembre
_____
_____
_____

Décembre
_____
_____
_____

Une recette printanière

**Transcris une recette que tu pourrais réaliser toi-même à la maison.
Bon appétit !**

Quantité	Ingrédients

Mode de préparation

Des mots plein la tête !

À quelle catégorie appartiennent les verbes de cette liste ? _____

Noms communs

bretelle
allure
pièce
pelletage
éternité
sirop
cabane
carriole
érable
chaudière

Verbes

éreinter
picoter
déborder
renaître
égosiller
gonfler
déterrer
renifler
annoncer
tourner

Adjectifs

glacial, glaciale
volumineux, volumineuse
terne
embaumant, embaumante
floral, florale
rayonnant, rayonnante
enivrant, enivrante
sec, sèche
sage
divin, divine

Un Super Zapp très coloré !

**L'hiver terminé, Super Zapp doit refaire sa garde-robe
car il a bien grandi. En lisant ce court texte,
habille Super Zapp avec ses nouveaux vêtements.
N'oublie pas de respecter ses choix.**

Tout d'abord, notre charmant superhéros a décidé de s'acheter un chapeau multicolore à petits carreaux. Il appelle ça un chapeau, mais c'est plutôt une casquette. Il ne faut pas oublier sa chemise rouge et jaune rayée à l'horizontale, avec des manches longues et une poche superposée. Elle lui va à merveille. Continuons avec un pantalon fleuri, très large dans le bas, des bretelles noires ajustées aux épaules et des pièces bleues sur ses genoux. Pour terminer, Super Zapp a craqué pour des souliers étoilés de vert et de jaune. Le tout mis ensemble, Super Zapp a une allure dernier cri !

Des mots qui ont de la classe

Encercle les mots soulignés en respectant la légende suivante.

vert = déterminants	jaune = adjectifs
rouge = noms communs	bleu = verbes

De la gadoue plein les rues

Ouf! Fini les <u>grosses</u> <u>tempêtes</u> de <u>neige</u> et les froids <u>glacials</u> et pénétrants de l'<u>hiver</u>. Plus de <u>pelletage</u> de <u>ces</u> <u>minuscules</u> <u>flocons</u> entassés <u>les</u> uns contre les autres et qui nous <u>éreintent</u>. Plus besoin de <u>bottes</u> jusqu'<u>aux</u> <u>genoux</u>, de <u>manteaux</u> nous empêchant de <u>bouger</u>, de <u>ces</u> <u>fameuses</u> <u>tuques</u> qui nous <u>picotent</u> <u>le</u> <u>front</u>, de <u>longs</u> <u>foulards</u> nous égorgeant et de <u>volumineuses</u> <u>mitaines</u> mouillées prenant une <u>éternité</u> à <u>sécher</u>.

Adieu hiver! Bienvenue printemps.

En caravane, elle va à la cabane...

Écris *il, elle, ils* ou *elles* dans les phrases suivantes, selon le cas.

Ma grand-mère possède une belle cabane à sucre au fond
des bois.

_____ aime bien recevoir des gens.

_____ viennent de partout pour déguster le bon sirop d'érable de
grand-maman.

La tire de mon grand-père est la meilleure au monde.

_____ est si douce, blonde et sucrée.

Tous les enfants adorent aller à cette cabane à sucre.

_____ savent très bien qu'_____ auront droit à un joyeux tour
de carriole.

Les seaux sont toujours pleins.

_____ débordent d'eau d'érable.

J'adore la cabane à sucre.

Des mots pas sots du tout

Quel mot du rectangle suivant correspond à chaque définition ?

hase	pruche
fossette	tourniquet
empreinte	lambin
iceberg	sarcasme
sosie	gastronome

a) Sapin du Canada. _____

b) Petit creux dans une joue. _____

c) Appareil formé d'une croix qui tourne en
ne laissant passer qu'une personne à la fois. _____

d) Personne qui ressemble énormément à
une autre. _____

e) Être très lent. _____

f) Personne qui aime la bonne nourriture et
qui s'y connaît. _____

g) Femelle du lièvre. _____

h) Trace ou marque laissée par des pas d'animaux
sur le sol ou par des doigts d'humains. _____

i) Moquerie, parole ironique. _____

j) Masse de glace flottante que l'on voit dans
les mers polaires. _____

Jeu de mots troublant...

À l'aide des lettres dont chacun dispose,
aide Super Zapp et son amie à trouver le plus de mots possible.
Tu peux utiliser plus d'une fois la même lettre.

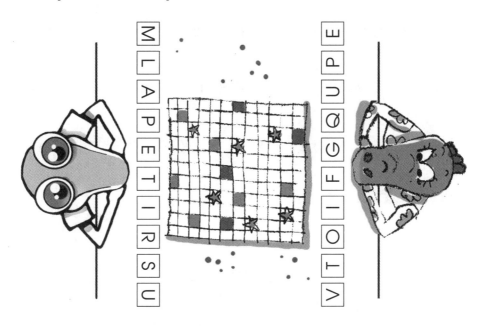

M L A P E T I R S U

V T O I F G Q U P E

Super Zapp	Son amie
_____	_____
_____	_____
_____	_____
_____	_____
_____	_____
_____	_____
_____	_____
_____	_____
_____	_____
_____	_____

Qui a gagné la partie ?

_____

Un printemps rayonnant

Lis ce texte. Encercle dix noms communs, souligne un nom propre, encadre cinq adjectifs et biffe cinq verbes à l'indicatif présent.

La marmotte a-t-elle vu son ombre? Voilà une question que Super Zapp ne s'est même pas posée. Il est si joyeux aujourd'hui. Dehors, la vie renaît. Les oiseaux sont revenus et s'égosillent à tue-tête. La neige a presque complètement disparu. Les bourgeons des arbres sont gonflés et prêts à éclater. Les écureuils cherchent et déterrent leurs provisions si bien enfouies l'automne passé. Le ciel s'est paré de ses plus beaux atours. L'air printanier est divin et Super Zapp en renifle une bonne dose. Il remplit ses poumons d'odeurs florales et embaumantes.

Il a envie de tout: marcher, courir, crier, rire et, surtout, vivre. Pendant trois mois, Super Zapp a attendu et espéré cette saison si enivrante. Que voulez-vous, c'est la saison préférée de Super Zapp!

Un printemps rayonnant *(suite)*

1. Selon certaines légendes, quel animal annoncerait le début du printemps ?

   _____

2. Nomme une sorte d'oiseau que tu connais qui reste ici l'hiver.

   _____

3. Qu'y a-t-il à l'intérieur d'un bourgeon ?

   _____

4. De quoi peut se nourrir un écureuil ?

   _____

5. Trouve cinq verbes à l'infinitif dans le texte.

   _____   _____

   _____   _____

   _____

6. Quelle est la saison préférée de Super Zapp ?

   _____

Dessine ton printemps à toi.

Enfin, Super Zapp a neuf ans!

À l'aide des indices sur les chandelles, trouve la date d'anniversaire de Super Zapp.

Son anniversaire est dans le même mois que la fête des Mères.

Les deux chiffres de la date de son anniversaire sont différents.

La date de son anniversaire est inférieure à 30.

En additionnant les deux chiffres de sa date d'anniversaire, on obtient 3.

Le nombre de sa date d'anniversaire est le produit de 3 par 7.

Réponse : L'anniversaire de Super Zapp est le _____.

Tout est bien qui finit bien!

Des mots plein la tête !

Noms communs

guépard
guenon
girafe
rhinocéros
python
anguille
espadon
ceinture
conducteur, conductrice
température

**Souligne en rouge
les verbes réguliers et en vert
les verbes irréguliers.**

Verbes

lire
répondre
attacher
atterrir
débattre
reconduire
arrêter
apercevoir
klaxonner
traverser

Adjectifs

espagnol, espagnole
stupéfiant, stupéfiante
plein, pleine
normal, normale
nostalgique
amoureux, amoureuse
surpris, surprise
batailleur, batailleuse
triste
orageux, orageuse

Je «thème»rai toujours!

Complète les mots suivants à l'aide des lettres proposées.

Thème 1 : les animaux de la jungle

a) un g _ _ _ _ _ _ _ | u r d p é a |

b) une g _ _ _ _ _ | u o n n e |

c) une g _ _ _ _ _ | i f r a e |

d) un r _ _ _ _ _ _ _ _ _ | é o s c h o i n r |

e) un p _ _ _ _ _ | y h o t n |

Thème 2 : les poissons de la mer

a) un e _ _ _ _ _ _ | s p a o d n |

b) une a _ _ _ _ _ _ _ | n i u g l e l |

c) un h _ _ _ _ _ _ _ _ _ | i m a p o p p c e |

d) une b _ _ _ _ _ _ | l n i e a e |

e) un d _ _ _ _ _ _ | u n i p h a |

À ton tour!

Thème 3 : _____

a) | |

b) | |

c) | |

d) | |

e) | |

Le Mexique, ça m'excite!

**Lis attentivement ce joli texte écrit par Super Zapp
et réponds aux questions de la page suivante.**

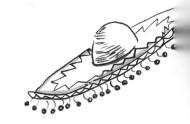

« Veuillez attacher vos ceintures, nous nous préparons à atterrir à Puerto Vallarta, au Mexique. » Le cœur me débattait, car c'était mon premier voyage dans les pays chauds avec mes parents.

Rendu dans l'autobus qui nous reconduisait à l'hôtel San Marino, j'étais intrigué d'entendre le conducteur qui parlait espagnol. Il me dit : « Holà amigo! ». J'ai tout de suite demandé à ma mère ce que cela voulait dire. Elle m'a répondu : « Salut, mon ami! ». C'était stupéfiant de voir les petites maisons sans fenêtres et sans toit. Il faut dire que la température est beaucoup plus chaude ici que chez moi.

Tout à coup, l'autobus s'arrête brusquement. Le conducteur se met à klaxonner. Je lève la tête par-dessus les bancs et j'aperçois un cheval qui traverse en pleine rue de la vieille ville. Personne ne semble surpris, car c'est normal de voir un cheval traverser ainsi les rues de la ville.

Le voyage à peine commencé, j'avais déjà la tête pleine de souvenirs!

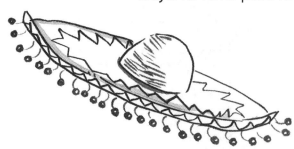

Le Mexique, ça m'excite!
(suite)

Réponds aux questions suivantes.

1. Quel est le pays où Super Zapp se rend?

   _____

2. Quelle est la ville où Super Zapp séjournera?

   _____

3. Quel est le nom de son hôtel?

   _____

4. Vrai ou faux? Super Zapp voyage seulement avec sa mère.

   _____

5. Quelle est la langue du chauffeur d'autobus?

   _____

6. Que veut dire *Holà amigo!*?

   _____

7. Pourquoi les maisons sont-elles différentes des nôtres?

   _____

8. Vrai ou faux? La ville où habitera Super Zapp est une
   nouvelle ville. _____

9. Trouve cinq verbes dans le texte.

   _____   _____

   _____   _____   _____

10. Toi, aimerais-tu faire un voyage dans les pays chauds? Pourquoi?

    _____

    _____

Une tête fleurie

Super Zapp adore les fleurs.
Fais une courte recherche
sur la fleur de ton choix.
Dessine-la (ou colle sa photo) et écris
quelques informations à son sujet.

Nom de la fleur :

_____

Illustration de la fleur :

Caractéristiques de la fleur :

_____

_____

_____

_____

_____

Une photo de voyage

**À l'aide des indices suivants,
dessine la photo de voyage de Super Zapp.**

1. On doit voir cinq palmiers avec des noix de coco.

2. On doit voir la mer avec deux bateaux de pêche.

3. On doit voir le soleil qui est caché par quelques nuages.

4. On doit voir au loin des montagnes couvertes de fleurs multicolores.

5. On doit voir la plage et deux amis qui jouent au ballon avec Super Zapp.

6. Si tu veux, tu peux ajouter l'hôtel où Super Zapp habite.

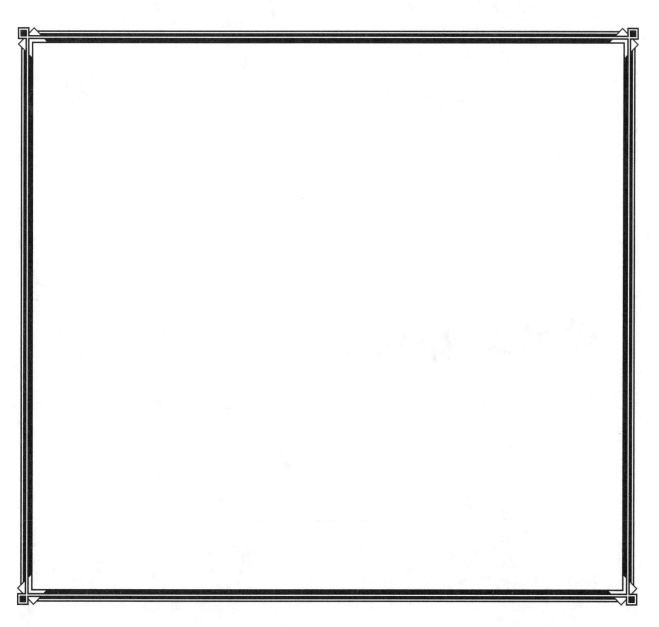

Des mots plein la tête !

Coche ✔ les mots qui contiennent le son (an) comme dans mam**an**.

Noms communs

banque
image
menthe
bulle
dentifrice
bain
couverture
harpagon
écrevisse
singe

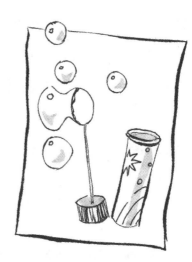

Adjectifs

comestible
avare
faible
somnambule
esthétique
pratique
brillant, brillante
populaire
respiratoire
large

Verbes

ranger
détester
utiliser
pendre
perler
croiser
percer
enseigner
fonctionner
éviter

94

Des phrases incomplètes

Complète les phrases suivantes à l'aide de tes propres idées.

Super Zapp se brosse les dents chaque jour,

car _____

_____

_____

_____

Super Zapp n'aime pas ranger ses vêtements,

car _____

_____

_____

_____

Super Zapp aime bien prendre son bain,

car _____

_____

_____

_____

Super Zapp déteste faire son lit,

car _____

_____

_____

_____

Qui suis-je?

Choisis la définition qui correspond à chaque mot.
Tu peux utiliser ton dictionnaire.

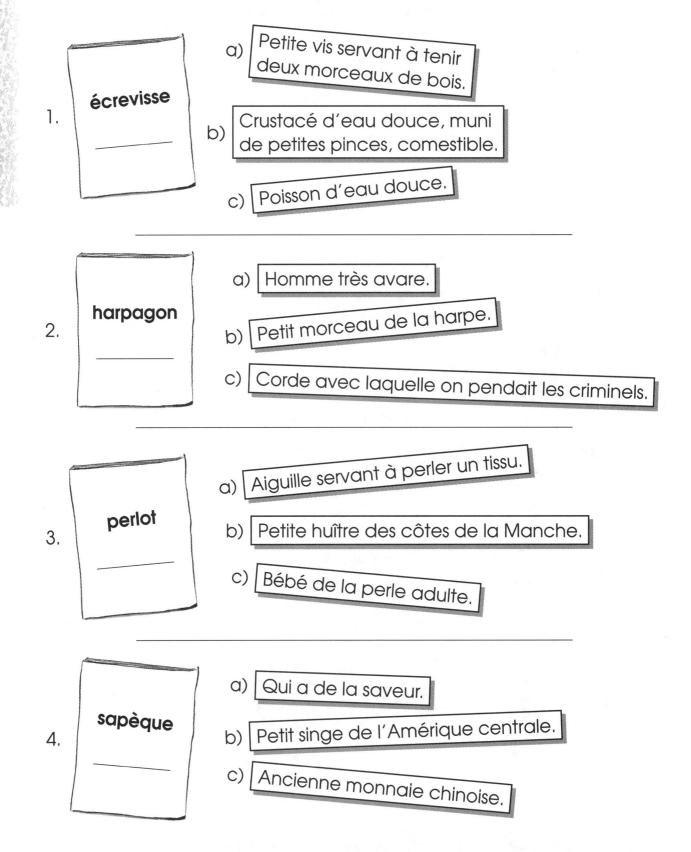

1. **écrevisse**

   a) Petite vis servant à tenir deux morceaux de bois.

   b) Crustacé d'eau douce, muni de petites pinces, comestible.

   c) Poisson d'eau douce.

2. **harpagon**

   a) Homme très avare.

   b) Petit morceau de la harpe.

   c) Corde avec laquelle on pendait les criminels.

3. **perlot**

   a) Aiguille servant à perler un tissu.

   b) Petite huître des côtes de la Manche.

   c) Bébé de la perle adulte.

4. **sapèque**

   a) Qui a de la saveur.

   b) Petit singe de l'Amérique centrale.

   c) Ancienne monnaie chinoise.

Croisons le vocabulaire de la voiture!

Remplis cette grille de mots croisés.

HORIZONTALEMENT

1. Il couvre le moteur.
2. Il se trouve sous le capot.
3. Engin à moteur et à deux roues.
4. Tout ce qui roule doit avoir ça.
5. On l'utilise pour diminuer la vitesse.
6. Rapidité.

VERTICALEMENT

7. Route où l'on peut rouler vite.
8. Il transporte de lourdes charges.
9. Quand un pneu est percé, il est…
10. Vitre avant de la voiture.
11. Endroit où l'on s'assoit.

L'automobile rêvée

Super Zapp enseigne à ses parents les bons mots
pour décrire les parties d'une voiture.
Aide les parents de Super Zapp à identifier les parties
de la voiture à l'aide de la banque de mots au bas de la page.

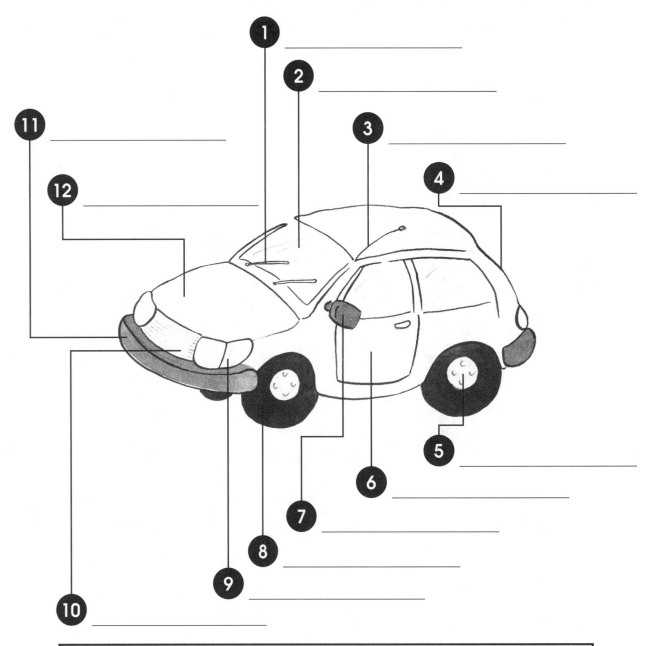

pneu	pare-chocs	feu clignotant
pare-brise	portière	antenne
enjoliveur	rétroviseur extérieur	calandre
essuie-glace	capot	coffre

Quel est le bon mot ?

Parmi les séries de mots, encercle celui qui est bien orthographié.

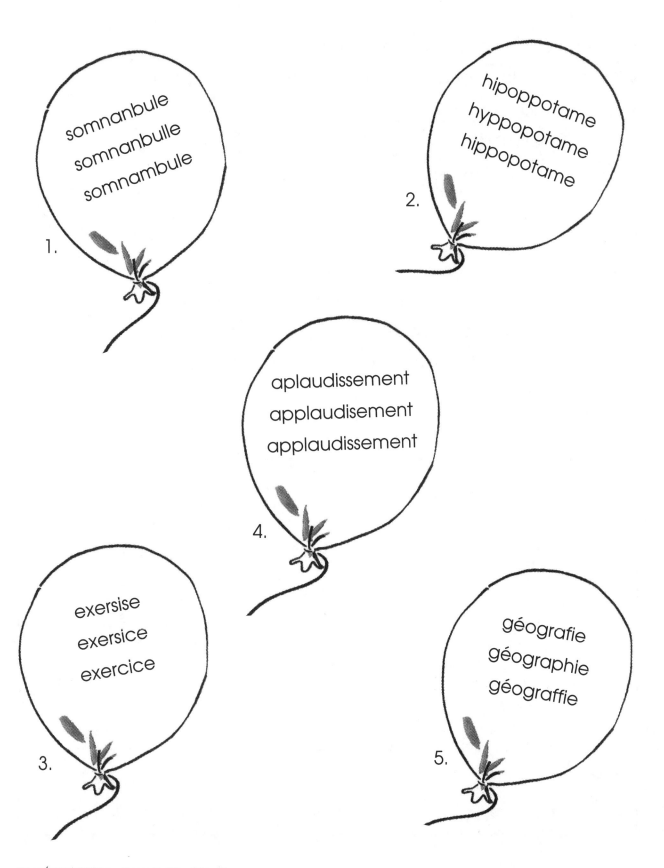

1. somnanbule
   somnanbulle
   somnambule

2. hipoppotame
   hyppopotame
   hippopotame

4. aplaudissement
   applaudisement
   applaudissement

3. exersise
   exersice
   exercice

5. géografie
   géographie
   géograffie

Qu'est-ce que c'est ?

Lis les indices et trouve les réponses à ces devinettes.

Devinette 1

- Je suis très pratique dans une cuisine.
- J'ai besoin de beaucoup d'eau et d'électricité pour fonctionner.
- Je lave, mais pas les vêtements.
- Avec moi, tout devient brillant comme un miroir.

Je suis _____.

Devinette 2

- Je suis surtout fréquenté par les adultes.
- On a besoin d'une carte pour me faire fonctionner.
- Je donne plus que je reçois.
- Je permet d'éviter les files d'attente à la banque.

Je suis _____.

À ton tour de composer une devinette !

Des mots plein la tête !

Noms communs
fin
réveille-matin
école
pyjama
sonnerie
drap
jambe
comptoir
lunch
baiser

Verbes
servir
exprimer
chanter
indiquer
revenir
chatouiller
baigner
inviter
identifier
employer

Adjectifs
rigolo, rigolote
moelleux, moelleuse
fameux, fameuse
collant, collante
seul, seule
chanceux, chanceuse
poussiéreux, poussiéreuse
éclatant, éclatante
resplendissant, resplendissante
glissant, glissante

Compose quelques phrases à l'aide de ces mots.

_____

_____

_____

_____

_____

_____

_____

_____

_____

_____

Un peu de tout !

Réponds aux questions par vrai ou faux.

	VRAI	FAUX
1. Le point d'exclamation sert à poser une question.		
2. Les verbes suivants expriment des actions : *sembler, paraître, être.*		
3. Le mot *élégant* est un adjectif.		
4. Les mots *guenille* et *bille* riment.		
5. La phrase suivante est négative : *Je déteste le brocoli.*		
6. *Je chantais* est le verbe *chanter* au présent de l'indicatif.		
7. Le pluriel de *canal* est *canaux.*		
8. On met toujours un « n » devant un « p » ou un « b ».		
9. On ajoute toujours un « s » à la fin d'un mot au pluriel.		
10. On peut terminer une phrase avec un point d'exclamation.		

Une histoire sans fin...

Lis cette belle histoire et complète-la selon ta meilleure idée.

Dring... ing... ing! Non, non! Ce n'est pas la sonnerie du téléphone, mais bien celle de mon réveille-matin qui m'indique l'heure du lever pour ma journée d'école.

Mes yeux gommés par des rêves rigolos, les plis de mes draps moelleux encore imprégnés dans ma figure, mon haleine du matin, mon pyjama multicolore tordu autour de mes jambes et la chaleur de mon chat siamois couché sur mon ventre m'empêchent de sortir de mon lit. Je n'ai plus le choix. Je suis à mes dernières secondes de repos avant que maman revienne pour me chatouiller.

Une fois rendu à la salle de bains, je me sens vraiment réveillé. Et voilà, la routine du matin commence. Habillage, déjeuner sur le coin du comptoir, discussion avec mon chat, brossage de dents et de cheveux, préparation de mon sac d'école et de ma boîte à lunch, me voilà enfin prêt pour aller prendre mon autobus au coin de la rue.

Je ne dois pas oublier le fameux et collant baiser de maman.

Une fois rendu à mon arrêt d'autobus, je me demande bien pourquoi je suis le seul à attendre. Habituellement, nous sommes six amis de ma rue à prendre l'autobus. Aujourd'hui, personne ne m'accompagne. Pourtant, nous sommes bien un lundi matin. Après plusieurs minutes d'attente, je décide de retourner à la maison pour aller vérifier ce qui se passe.

À ton tour !

Une fois rendu à la maison, _____

_____

_____

_____

_____

_____

_____

C'est une question de points!

1. Place le bon point (. ou ! ou ?) à la fin de chaque phrase.

a) As-tu des projets pendant tes vacances d'été__

b) J'irai me baigner au bord de la mer__

c) Chanceux__

d) Aimerais-tu venir avec moi__

e) M'invites-tu vraiment__

f) Bien sûr__ On pourrait chercher de merveilleux coquillages__

g) Pourrait-on pêcher sur le bord du quai__

h) Oui, car, chaque année, plusieurs personnes pêchent, surtout quand la marée monte__

i) Je vais demander la permission à mes parents et je reviens tout de suite__

j) Pas de problème__ Je t'attends ici__

2. À ton tour de composer cinq phrases avec différents points.

_____

_____

_____

_____

_____

Des lunettes égarées

Trouve à qui appartient chaque paire
de lunettes. Complète les prénoms
à l'aide des groupes de lettres ci-dessous.

bas	ja	ér	ro	oli	livi	tri
	ni	xi	lan	rti	hol	lei
ath	lexan	lip	oni	ri	mu	anc

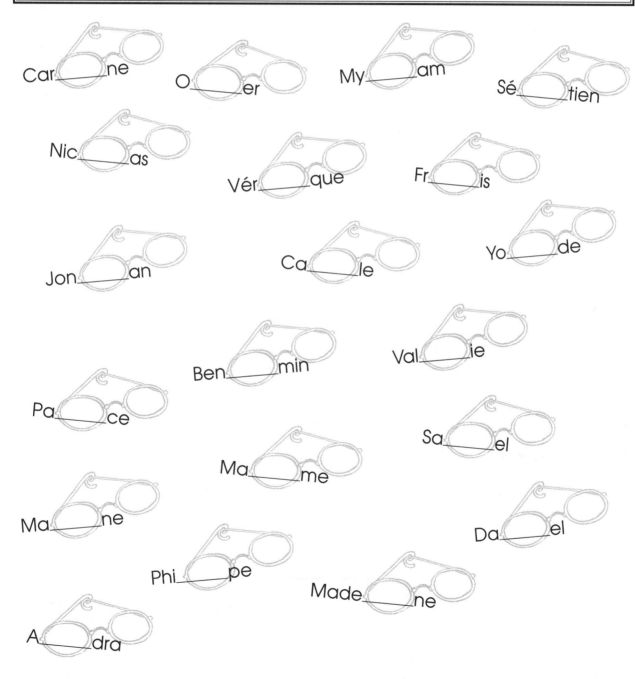

Car___ne

O___er

My___am

Sé___tien

Nic___as

Vér___que

Fr___is

Jon___an

Ca___le

Yo___de

Ben___min

Val___ie

Pa___ce

Sa___el

Ma___me

Ma___ne

Da___el

Phi___pe

Made___ne

A___dra

Des pays à visiter

**Choisis trois pays parmi les suggestions suivantes.
Explique en quelques phrases
pourquoi tu aimerais visiter chacun de ces pays.**

Italie

Chine

Japon

Maroc

France

Autriche

Espagne

Brésil

Nouvelle-Zélande

Inde

Premier choix : _____

_____

_____

_____

Deuxième choix : _____

_____

_____

_____

Troisième choix : _____

_____

_____

_____

Et toi, quel est ton pays préféré ? _____

Une balade à la campagne

Dans cette grille se cachent plusieurs mots en lien avec la campagne.
Trouve au moins dix de ces mots.

Q	Y	G	E	E	P	R	R	U	Y
B	C	I	R	P	P	O	N	T	I
G	A	M	O	U	T	O	N	C	D
H	W	A	R	B	R	E	S	O	F
K	H	S	A	U	E	R	E	C	J
S	G	H	F	E	R	M	E	H	J
S	H	C	H	A	M	P	G	O	H
W	U	C	H	E	V	A	L	N	P
W	A	O	S	L	S	M	U	E	D
V	N	R	I	V	I	E	R	E	M

_____   _____   _____

_____   _____   _____

_____   _____   _____

_____   _____   _____

_____   _____

Un jeu d'erreurs

Observe bien les deux dessins suivants.

Un jeu d'erreurs *(suite)*

À l'aide de courtes phrases, décris les dix erreurs qui
se trouvent dans le deuxième dessin de la page précédente.

_____

_____

_____

_____

_____

_____

_____

_____

_____

_____

_____

Un été parfumé

Des mots plein la tête !

Encercle les différentes graphies du son (è) comme dans *jou|et|*.

Noms communs

baignade
sueur
plâtre
plongeur, plongeuse
lumière
forêt
cornet
ventilateur
visage
iceberg

Verbes

couler
souvenir
éduquer
monter
rafraîchir
installer
imaginer
se régaler
déguster
dormir

Adjectifs

fantastique
jaloux, jalouse
éducatif, éducative
gigantesque
solide
fruitier, fruitière
précédent, précédente
puissant, puissante
clos, close
neuf, neuve

Des abeilles poétiques

Complète les phrases en écrivant dans l'étiquette un mot
qui rime avec le dernier mot de la phrase précédente.

1. L'été de mes neuf ans,
   il a fait soleil presque tout le

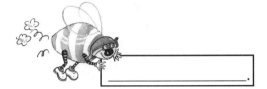

2. La baignade fut fantastique,
   même s'il y avait énormément de

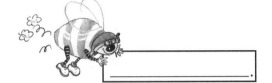

3. J'ai fait plusieurs promenades en vélo.
   La sueur me coulait dans le

4. Le soleil était tellement fort
   que j'ai eu des coups de soleil
   sur presque tout mon

5. Je me souviendrai longtemps de
   cet été-là, car en patins à roues alignées,
   je me suis fait mal au

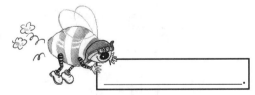

Jeu de cache-cache

**Super Zapp a remarqué que certains mots en cachaient d'autres.
Vérifie ton sens de l'observation en répondant aux questions suivantes.**

a) Quel adjectif se cache dans le verbe *agrandir* ? _____

b) Quel nom commun se cache dans le verbe *forcer* ? _____

c) Quel adjectif se cache dans le verbe *noircir* ? _____

d) Quel adjectif se cache dans le nom *laideur* ? _____

e) Quel adjectif se cache dans le nom *gaieté* ? _____

f) Quel adjectif se cache dans le nom *beauté* ? _____

g) Quel nom se cache dans le verbe *ébruiter* ? _____

h) Quel nom se cache dans le verbe *regarder* ? _____

i) Quel nom se cache dans le verbe *éponger* ? _____

j) Quel sport se cache dans le nom *hockeyeur* ? _____

k) Quel adjectif se cache dans l'adjectif *irrégulier* ? _____

l) Quel nom se cache dans le verbe *limiter* ? _____

m) Quel nom se cache dans le nom *livret* ? _____

n) Quel sport se cache dans le nom *lutteur* ? _____

o) Quel nom se cache dans le nom *moulinette* ? _____

© Les Éditions CEC inc. · **Reproduction interdite**

Un abécédaire

Pour chacune des lettres de l'alphabet, trouve un mot dans chaque catégorie. Sers-toi de ton dictionnaire pour t'aider.

	Animal	Pays	Prénom	Aliment
a				
b				
c				
d				
e				
f				
g				
h				
i				
j				
k				
l				
m				
n				
o				
p				
q				
r				
s				
t				
u				

Des mots... beaucoup de mots!

Trouve dans le texte : 10 noms communs;

10 adjectifs;

10 déterminants.

Transcris-les dans le tableau ci-dessous.

Un été bien sucré

« Rien de tel qu'un bon cornet sucré à trois boules pour se rafraîchir pendant une chaude journée d'été », me disait ma cousine Sophia, hier, lorsque le mercure est monté jusqu'à 35 °C. Ouf ! Qu'il fait chaud ! Moi, foi de Super Zapp, je préfère m'installer devant un énorme et gigantesque ventilateur très puissant. Les yeux clos, je profite de ces instants pour faire sécher ma figure. Je m'imagine alors au pôle Nord, assis sur un solide iceberg, le vent gelant mon visage. Ça marche à tout coup. Je me régale aussi de sucettes glacées et de bons fruits comme le melon d'eau, le cantaloup et les prunes. Et, quand arrive le temps des pêches, alors là, c'est une vraie folie ! Entre toi et moi... je me lève même la nuit pour en déguster quelques-unes. De toute façon, il fait tellement chaud... impossible de dormir ! Aussi bien manger !

Noms communs	Adjectifs	Déterminants

Des arbres fruitiers bien appréciés

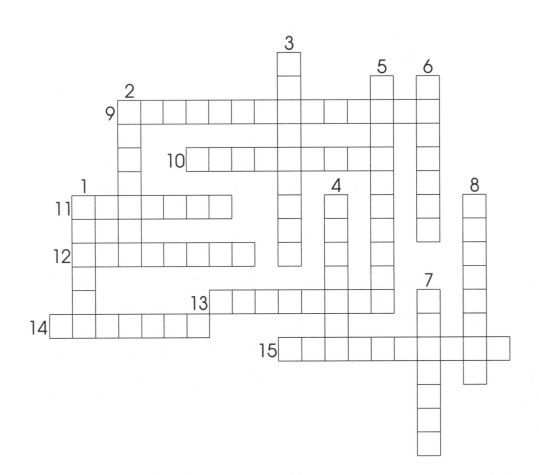

Remplis la grille de mots croisés en écrivant le nom de l'arbre qui produit chaque fruit suivant.

1. pêches
2. pommes
3. avocats
4. figues
5. citrons
6. oranges
7. dattes
8. merises
9. pamplemousses

10. grenades
11. poires
12. cerises
13. bananes
14. prunes
15. abricots

Des mots plein la tête !

Précise la classe des mots suivants. Écris « N » pour nom,
« A » pour adjectif et « V » pour verbe.

a) apprécier _____

b) brave _____

c) chambre _____

d) danger _____

e) dégager _____

f) dernier _____

g) encercler _____

h) exotique _____

i) frisson _____

j) inimaginable _____

k) mener _____

l) plastique _____

m) raffoler _____

n) sable _____

o) se faufiler _____

p) se souvenir _____

q) supplier _____

r) tante _____

s) trempette _____

t) vacances _____

Une sortie en famille

Voici une lettre trouvée par Super Zapp. Quelques passages ont été effacés. Choisis les groupes de mots qui conviennent en associant la lettre au groupe de mots correspondant.

À ma tante

Salut, ma tante adorée ! Je t'écris pour te demander si tu veux venir avec nous faire une [A]. J'aimerais bien que tu nous accompagnes à la Ronde [B]. Je t'en supplie, [C] ! Toi, tu n'as peur de rien. Tu aimes bien essayer [D], surtout les espèces de montagnes russes qu'ils appellent *Le Monstre*. Rien qu'à y penser, j'ai des [E]. C'est que, vois-tu, papa et maman n'aiment pas tout ce qui tourne ou qui [F]. Ne pense pas non plus à ma sœur ou à mon frère, ce sont de vraies [G] ! Non. Il n'y a que toi, ma tante, qui sois assez brave [H]. J'attends ta réponse avec impatience et surtout… [I] !

Ton neveu

XXX

[ ] viens avec nous	[ ] ne m'oublie pas
[ ] va très vite	[ ] le mois prochain
[ ] tous les manèges	[ ] pour affronter tous les dangers
[ ] poules mouillées	[ ] frissons qui me parcourent le corps
[ ] sortie en famille	

Les trouvailles du dictionnaire

1. Trouve dans le dictionnaire dix mots composés, c'est-à-dire des mots qui ont un trait d'union.

Exemple: coffre-fort

_____   _____

_____   _____

_____   _____

_____   _____

_____   _____

2. Aide Super Zapp à trouver d'autres mots qui contiennent les lettres suivantes. Attention! Il t'est interdit d'écrire des mots qui commencent par ces lettres.

z	riz	_____	_____
k	yak	_____	_____
w	awale	_____	_____
œ	bœuf	_____	_____
pt	éruption	_____	_____
sc	escalader	_____	_____
eo	géographie	_____	_____
sm	sarcasme	_____	_____
mp	grimper	_____	_____
mb	tomber	_____	_____

De belles vacances!

**Démêle les lettres de manière à trouver dix mots reliés aux vacances.
Encercle-les dans la grille.**

1. On y réserve des chambres pour les vacances. ⇒ t l ô h e
2. C'est un endroit plein de sable. ⇒ g p a l p
3. Jouet en plastique pour jouer dans le sable. ⇒ l e e p l
4. Astre qui nous réchauffe. ⇒ l l i o s e
5. Récipient où l'on peut mettre de l'eau. ⇒ e u s a
6. Vaste étendue d'eau salée. ⇒ r m e
7. Moyen de transport qui circule dans le ciel. ⇒ i n a v o
8. Moyen de transport qui circule sur des rails. ⇒ r t i n a
9. Eau gelée. ⇒ e l c a g
10. Abri dont on se sert en camping. ⇒ t t e e n

W	G	E	G	S	A	F	H	C	A
P	L	A	G	E	E	A	O	J	E
A	A	H	P	A	P	F	T	D	R
F	C	W	D	U	T	E	E	Y	O
M	E	R	B	D	A	J	L	C	P
A	P	R	A	U	V	A	T	L	T
S	S	O	L	E	I	L	G	I	E
F	Y	U	I	H	O	K	P	T	N
W	E	J	G	B	N	S	E	A	T
T	R	A	I	N	U	N	B	T	E

Un voyage exotique

**Super Zapp a écrit dans son journal de voyage.
Il a employé des mots difficiles. Trouve dans
le dictionnaire la définition de chaque mot encerclé
et écris-la au bas de la page.**

La Grèce, un pays à découvrir

En vacances aux îles grecques l'été dernier, j'ai pu (contempler) longuement la beauté du paysage et l'(immensité) de la mer, humer l'air salin que celle-ci dégageait. Les longues routes (sinueuses) à pentes (abruptes) nous menaient toujours à bon port. Parfois, je prenais un malin plaisir à lancer de petites roches aux oiseaux qui se promenaient le long de la (grève) trempée. Ma mère n'appréciait guère mon geste. Elle me disait qu'il faut respecter la (faune). Je savais qu'elle avait raison...

Il y avait un endroit, à Corfou (charmante petite île grecque), où l'on pouvait faire trempette dans une eau... inimaginable. Bleue tel un saphir flamboyant, verte telle une émeraude scintillante. Mais ce que je préférais, c'était d'y plonger en (apnée). J'y découvrais alors de superbes poissons, tous plus exotiques les uns que les autres, et de petits (oursins) dont je me méfiais quelque peu. Ah! Ce voyage... Je m'en souviendrai toute ma vie. Je me suis d'ailleurs promis de retourner là-bas un jour... quand je serai grand.

_____ : _____

_____ : _____

_____ : _____

_____ : _____

_____ : _____

_____ : _____

_____ : _____

_____ : _____

Des mots originaux et spéciaux

Écris les groupes du nom encadrés au pluriel.

Mon grand-père possède **1** un chien génial .

Cette semaine, je ferai **2** un exposé oral sur **3** mon animal préféré .

Ma meilleure amie a peur de ne pas réussir **4** son examen final à l'école.

Lyne adore aller manger dans **5** un restaurant oriental .

Les rondelles de hockey de mon frère sont tombées dans **6** un canal d'égout .

Le voleur a commis **7** un acte illégal au dépanneur du coin.

La sécheuse a commencé à faire **8** un bruit anormal .

Le biologiste veut faire **9** un test expérimental .

Philippe aime se faufiler à travers les bois pour regarder **10** un orignal craintif .

1. _____ 6. _____

2. _____ 7. _____

3. _____ 8. _____

4. _____ 9. _____

5. _____ 10. _____

Une histoire de points...

Encercle les points (.), les points d'exclamation (!) et les points d'interrogation (?) dans cette conversation téléphonique.

– Allô, puis-je parler à Olivier ?

– Oui, c'est moi.

– Ça va, mon coquin ? C'est moi, Charles !

– Ça va pas si mal. J'ai un point dans le dos.

– Un quoi ?

– Un point ! Une crampe, quoi !

– Ah ! Pauvre toi ! Tu n'as pas oublié notre point de rencontre ce soir, hein ?

– Non ! Non ! Ne t'en fais point ! J'y serai, et à la bonne heure.

– Tu marques un point, là ! Je sais… je suis souvent en retard.

– Mais te rappelles-tu à quel point cardinal ?

– Oui ! Au nord de la rue Maisonneuve.

– Bravo ! J'ai hâte de faire le point sur cette affaire de vol à l'école.

– Ouais ! On le trouvera, ce voleur, un point c'est tout !

– D'accord ! Nous ferons une bonne mise au point sur tout cela. J'espère que je ne serai pas trop mal en point.

– Oui ! Tout le monde le sait ! Ton point faible, c'est le dos… Prends soin de toi, mon vieux, hein ?

– Hmm ! Hmm ! À ce soir, je dois aller manger mon steak cuit à point.

– À plus tard !

Combien y a-t-il...

a) de points (.) ? _____

b) de points d'exclamation (!) ? _____

c) de points d'interrogation (?) ? _____

Questions faciles
ou embêtantes ?

**1. Réponds aux questions suivantes par une phrase négative.
Observe l'exemple.**

Exemple : Comment dois-tu te tenir dans l'autobus ?
Je ne dois pas me tenir debout quand l'autobus
scolaire roule.

a) Comment manges-tu ta soupe ?

_____

b) Qu'as-tu vu au zoo ?

_____

c) Que feras-tu pendant tes vacances ?

_____

d) Comment étais-tu habillé aujourd'hui ?

_____

e) Quelles activités pratiques-tu avec tes amis ?

_____

2. Choisis le point qui convient (. ou ? ou !) dans les phrases suivantes.

a) Sigmund raffole des bananes flambées au cognac_____

b) Combien Valérien a-t-il de sous dans sa tirelire_____

c) Zut_____ J'ai oublié ma clé sur le bureau de ma chambre_____

d) Youpi_____ Mon père a gagné le gros lot au bingo_____

e) La femme de ménage de ma mère est en congé_____

Des mots plein la tête !

Coche ✔ les mots qui contiennent le son (z) comme dans *maison*.

Noms communs

été
ritournelle
sommeil
bestiole
besogne
code
réalité
campagne
anniversaire
chaise

Verbes

avouer
bourdonner
stopper
poursuivre
ramasser
gratter
claquer
entendre
tourner
haïr

Adjectifs

rituel, rituelle
profond, profonde
imaginaire
inconnu, inconnue
troublant, troublante
oral, orale
fatigant, fatigante
gras, grasse
volumineux, volumineuse
monstrueux, monstrueuse

Petits travaux d'été

Lis attentivement le texte suivant
et choisis l'extrait de texte (A, B ou C) manquant.

Place la lettre choisie à l'endroit
où tu crois que l'extrait doit s'insérer.

Ouf !

L'été, c'est parfois très fatigant… Moi, par exemple, j'aide parfois mon oncle à la ferme. J'avoue que j'adore ça. Je ramasse des fraises, des framboises et des choux-fleurs énormes. Ils me tournent autour de la tête sans cesse et me bourdonnent leur petite ritournelle sur un même ton…

Impossible de les arrêter. Il me semble même les entendre encore dans mon sommeil profond. Je me gratte et me claque la figure pour éloigner ces agaçantes bestioles imaginaires. Quelle besogne !

Ⓐ Mais ce que je hais le plus, c'est d'en manger.

Ⓑ Mais ce que je n'aime pas, ce sont les chardons.

Ⓒ Mais ce que je déteste, je haïs et j'exècre, ce sont les moustiques !

Un code troublant

Déchiffre le message que le détective Super Zapp
a écrit et découvre son jeu préféré.

○	○	○	○	◇	◇	◇	☼	☼	☼	△	△	△	△	⋈	□	□	⊡	⊡	⊡	⊡	⊡	⊡	⊃	⊃	ϡ
A	B	C	D	E	F	G	H	I	J	K	L	M	N	O	P	Q	R	S	T	U	V	W	X	Y	Z

⊡ ○ △ ⊡ ⊡　⊡ □ ☼ !

_____

⊡ ○ ⊡ ○ ☼ ⊡ - ⊡ ⊡　⊡ ⊡ ○　⋈ □ ⋈　△ ◇ ⊡

_____

□ ⊡ ◇ ◇ ◇ ⊡ ◇　◇' ◇ ⊡ ⊡　△ ◇　⊡ □ △ △ ◇ ⊃-

_____

◇ ○ △ △?　□ □ ⊡ ⊡ ⊡ ⊡ □ ☼?　◇' ◇ ⊡ ⊡

_____

⊡ ⋈　△ ◇ ⊡　⊡ ◇ ⋈ □ △ ☼　○ ◇

_____

⊡ ⊡ □ ○ ⊡ ◇ ◇ ☼ ◇ ⊡ !

_____

Amusons-nous un peu !

1. Comment s'appelle celle qui...

a) peint des tableaux : une _____

b) sculpte des statues : une _____

c) joue de la musique : une _____

d) joue du violon : une _____

e) fait de la magie : une _____

f) écrit des articles de journaux : une _____

g) étudie à l'école : une _____

2. Relie chaque phrase au dessin correspondant selon le bruit mentionné.

a) Le grincement d'une...

b) Le grondement du...

c) Le beuglement du...

d) Le claquement des...

e) L'éboulement des...

3. Réponds par des verbes. Que peut-on faire avec...

a) des patins ? _____

b) une serviette ? _____

c) un tournevis ? _____

d) un rasoir ? _____

e) un égouttoir ? _____

f) un miroir ? _____

g) une scie ? _____

h) un aviron ? _____

i) une clé ? _____

j) une lumière ? _____

Une minirecherche

Écris sur ton poisson préféré à l'aide de la fiche suivante.

Son nom : _____

Son habitat : _____

Ses caractéristiques :

_____

_____

_____

Sa nourriture :

_____

_____

_____

Sa reproduction :

_____

_____

_____

Ses autres particularités :

_____

_____

_____

Dessine-le ici !

Questions d'accents

1. Écris « é » ou « è ».

a) anim____

b) ils ach____tent

c) m____tier

d) p____re

e) po____me

f) fi____re

g) l____ger

h) m____tro

i) particuli____re

j) s____che

2. Écris « â », « î » ou « ê ».

a) b____ton

b) v____tement

c) m____t

d) b____te

e) arr____t

f) d____ner

g) r____ve

h) ____le

i) g____te

j) c____ble

3. Ajoute les trémas (¨) manquants sur les « i » ou sur les « e ».

a) Noel

b) miel

c) épi de mais

d) oui

e) hair

f) trahir

g) goeland

h) ouie

i) aigue

j) naif

Zapp-grille d'adjectifs

Transcris les adjectifs aux bons endroits dans la grille.

Vais-je réussir à ressembler à ces adjectifs?

volumineux	large	épais
gros	éléphantesque	gonflé
gigantesque	énorme	démesuré
colossal	monstrueux	monumental

Mots masqués

Deux mots se cachent dans chaque série de syllabes.
Trouve-les en t'aidant des images.

Exemple : | hor | tue | lo | tor | ge |

horloge   tortue

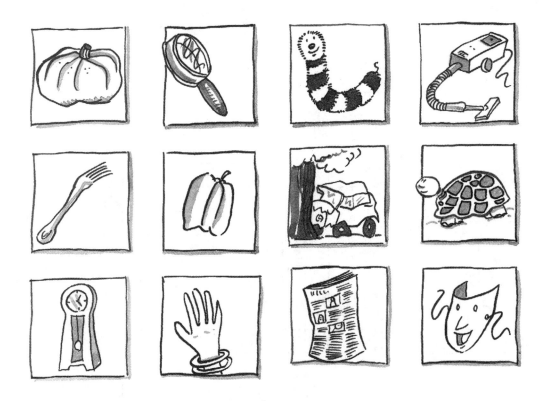

1. _____ | trouil | que | ci | mas | le | _____

2. _____ | pe | nil | le | lou | che | _____

3. _____ | dent | let | ac | bra | ci | ce | _____

4. _____ | ment | nal | pi | jour | _____

5. _____ | as | chet | te | pi | four | teur | ra | _____

Une rentrée foudroyante!

D'un chiffre à l'autre...

http://webcec.ca/e89/

1. Super Zapp a préparé des devinettes mathématiques pour ses amis. Écris la réponse.

a)
$$\begin{array}{r} 5 \\ \times\ 0 \\ \hline \end{array}$$

b)
$$\begin{array}{r} 1 \\ \times\ 4 \\ \hline \end{array}$$

c)
$$\begin{array}{r} 2 \\ \times\ 3 \\ \hline \end{array}$$

d)
$$\begin{array}{r} 3 \\ \times\ 1 \\ \hline \end{array}$$

e)
$$\begin{array}{r} 2 \\ \times\ 4 \\ \hline \end{array}$$

f)
$$\begin{array}{r} 1 \\ \times\ 2 \\ \hline \end{array}$$

g)
$$\begin{array}{r} 3 \\ \times\ 2 \\ \hline \end{array}$$

h)
$$\begin{array}{r} 4 \\ \times\ 2 \\ \hline \end{array}$$

2. Encercle le résultat qui te semble le bon.

a) 3×3 = 6 9 1

b) $4 + 9$ = 13 36 38

c) 8×2 = 10 24 16

d) 7×5 = 2 41 35

e) 4×6 = 10 24 36

f) $9 + 1$ = 10 90 8

Nombres naturels

134

Un bingo à déchiffrer

L'enseignante de Super Zapp a organisé un super bingo
pour fêter la première semaine d'école.
Parmi les trois élèves suivants, trouve celui ou celle qui a gagné.

B	I	N	G	O
6	19	39	48	63
1	22	31	52	61
12	17	*	60	68
4	25	34	56	73
10	29	40	53	75

Karine

B	I	N	G	O
4	23	36	46	71
13	16	41	48	60
2	30	*	49	73
7	29	32	53	69
11	18	44	60	74

Ming

B	I	N	G	O
3	20	45	60	66
15	18	33	59	72
14	29	*	46	68
9	26	32	50	62
7	24	42	54	70

Simon

**Fais un X sur les nombres que tu retrouves dans
les cartes de bingo ci-dessus.**
Le gagnant ou la gagnante doit réussir une ligne complète.

1. B → onze	9. G → quarante-sept	17. O → soixante et onze
2. G → cinquante-deux	10. I → vingt-huit	18. I → vingt-neuf
3. B → douze	11. O → soixante-treize	19. G → cinquante-neuf
4. O → soixante	12. B → un	20. O → soixante-quatorze
5. B → sept	13. B → dix	
6. I → dix-huit	14. O → soixante-quinze	
7. I → vingt-cinq	15. I → vingt-sept	
8. O → soixante-neuf	16. N → quarante-cinq	

Le gagnant ou la gagnante est : _____

© Les Éditions CEC inc. · Reproduction interdite

Nombres naturels

C'est une question d'habileté!

Super Zapp s'amuse à trouver les réponses
à des questions d'habileté en mathématique
dans une revue spécialisée.
Aide-le à compléter ces pages.

1. Trouve tous les nombres compris entre 0 et 100 qui contiennent au moins un 7.

   _____

2. Quel est le nombre formé de 7 unités et de 3 dizaines?

   _____

3. Combien y a-t-il de chiffres dans le nombre 53?

   _____

4. Regarde bien cette suite de nombres : 63-64-65-66. Est-elle en ordre croissant ou décroissant?

   _____

5. Quelle est la somme de 9 et de 7?

   _____

6. Combien peut-on faire de paquets de 8 bâtonnets avec 80 bâtonnets?

   _____

7. Quel est le nombre compris entre 60 et 70 qui a un 3 à la position des unités?

   _____

8. Quelle est la différence entre 13 et 5?

   _____

9. Ajoute 2 dizaines au nombre 36.

   _____

10. Combien existe-t-il de chiffres?

    _____

136

Le carré magique

Dans ce carré magique, la somme est toujours la même dans chaque rangée, chaque colonne et chaque diagonale. Place les chiffres 1, 3, 4, 7, 8 et 9 dans ce carré magique.

http://webcec.ca/a45/

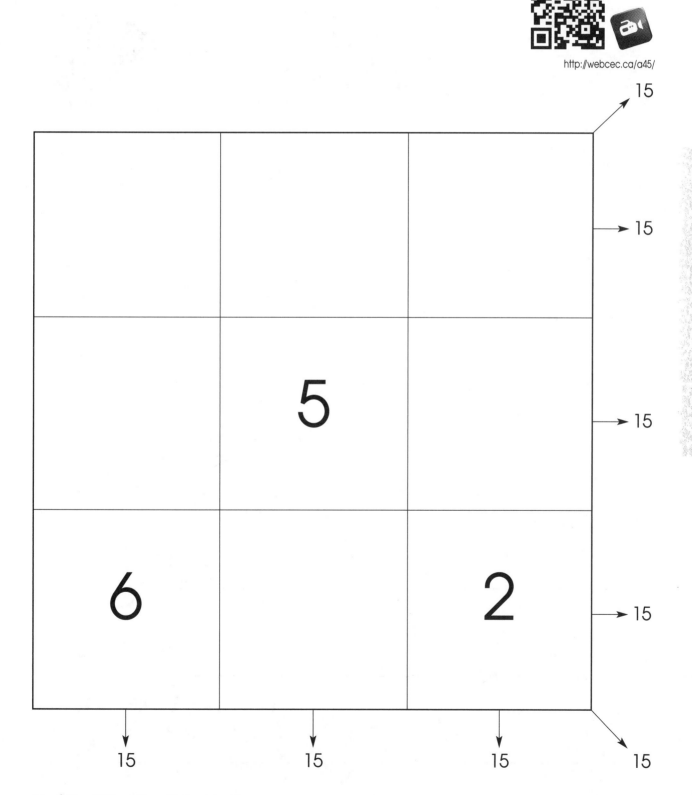

15

15

15

15

15   15   15   15

Nombres naturels

À vos crayons...
un peu de révision !

Super Zapp est un peu distrait.
Il a écrit les réponses à ces équations au mauvais endroit.
À toi de les remettre où il faut.

http://webcec.ca/t73/

http://webcec.ca/y48/

a)
$$28 + 11$$

b)
$$64 - 51$$

c)
$$60 + 17$$

d)
$$56 - 17$$

e)
$$56 - 38$$

f)
$$35 + 23$$

g)
$$67 + 25$$

h)
$$87 - 28$$

i)
$$39 + 34$$

j)
$$90 - 23$$

k)
$$83 + 17$$

l)
$$72 - 60$$

39	100	77	92	18
58	21	67		
12	73	13	59	

Nombres naturels

Facteur de risque

Super Zapp s'amuse avec les facteurs.

1. Voici les facteurs premiers d'un nombre. Lequel ? Encercle ta réponse.

Facteurs de :

a)	1	2	3	4	6	12

6   12   18

b)	1	2	4	5	10	20

12   16   20

c)	1	3	5	15

15   25   30

d)	1	7	49

14   21   49

2. Trouve les nombres qui manquent.

Facteurs de :

a)		2	11				
b)	1	2	3		6	10	15	
c)		2		8			
d)			3	4	6		

_____

_____

_____

_____

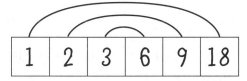

Voici un petit truc.
Pour trouver les facteurs
qui manquent, je multiplie
les nombres comme suit :

1	2	3	6	9	18

Nombres naturels

Le marché scolaire

Super Zapp a obtenu beaucoup de jetons scolaires à l'école.
Il regarde ce que ses amis ont reçu et se demande bien
ce qu'ils pourront s'offrir avec leurs jetons.
Réponds aux questions ci-dessous.

http://webcec.ca/t73/

http://webcec.ca/y48/

Rondelles 352

Livre et crayon 151

Balle 233

86 Boîo

360 Agenda

194 Spirale

510
Julien

223
Stéphane

358
Danielle

871
Isabelle

726
Élaine

929
Mathieu

1. Que pourra s'acheter Stéphane avec ses jetons ?

_____

2. Combien de jetons Isabelle a-t-elle reçu de plus que Julien ?

_____

3. Combien de jetons Stéphane et Danielle ont-ils ensemble ?

_____

4. Si Mathieu achète les rondelles, combien lui restera-t-il de jetons ?

_____

Le nombre caché

**Pour trouver le nombre qui est caché,
suis bien les consignes ci-dessous.**

36	91	79	98	85	97
73	13	49	20	32	60
46	55	93	82	10	72
25	67	40	4	51	9
90	23	80	17	70	52
71	18	22	64	16	15

Le nombre caché

est :

Fais un ✗ sur...

1. tous les nombres qui ont un 1 comme dizaine.
2. tous les multiples de 10.
3. tous les nombres qui ont un 3 à la position des unités.
4. tous les nombres impairs compris entre 61 et 98.
5. tous les nombres qui ont (8 ÷ 4 = ?) à la position des unités.
6. tous les nombres carrés.
7. tous les nombres compris entre 44 et 57.

Plus petit, plus grand ou égal?

1. Super Zapp et ses amis ont vidé leur tirelire. Ils s'amusent à comparer des montants d'argent. Place le signe approprié (<, > ou =) dans les carrés.

a) Super Zapp   ou   Judith

(25¢) (10¢) (5¢) (5¢)   [ ]   (10¢) (25¢) (5¢) (1¢)

b) Philip   ou   Super Zapp

(10¢) (10¢) (10¢)   [ ]   (25¢) (1¢) (1¢) (1¢) (1¢) (1¢)

c) Judith   ou   Philip

(5¢) (5¢) (5¢) (10¢)   [ ]   (25¢) (10¢) (5¢)

d) Super Zapp   ou   Claudia

(1¢) (5¢) (25¢) (10¢) (1¢)   [ ]   (10¢) (10¢) (10¢) (10¢) (1¢) (1¢)

e) Claudia   ou   Judith

(10¢) (10¢) (5¢) (5¢) (5¢) (5¢) (1¢)   [ ]   (25¢) (1¢)

2. Super Zapp a un devoir à terminer. Aide-le en remplissant les cercles vides.

a) (8) (6) > ( ) (8) > (7) (3)

b) (9) (3) > (5) ( ) = (5) (3)

c) (3) (5) < ( ) (4) < (4) (9)

d) (6) (2) > (2) ( ) < (2) (1)

Une œuvre artistique !

L'oncle de Super Zapp est peintre. Super Zapp trouve rigolo
de découvrir toutes sortes de formes sur la toile de son oncle.
C'est vraiment moderne !

Complète le tableau suivant en plaçant au bon endroit
la lettre identifiant chaque forme. Attention ! Certaines lettres
peuvent aller à plus d'un endroit !

	A au moins un angle droit	A au moins un angle aigu	A au moins un angle obtus
Quadrilatère			
Autre polygone			

Géométrie

Prenons «l'aire»

Super Zapp veut acheter un tapis pour mettre à côté de son lit. Il voudrait avoir le plus grand tapis.

Encercle le tapis que Super Zapp choisira.
Pour t'aider, sépare chaque tapis en carrés-unités.

http://webcec.ca/m94/

Calculer l'aire d'une figure, c'est trouver la grandeur de sa surface.

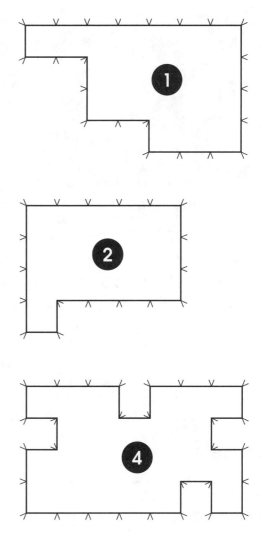

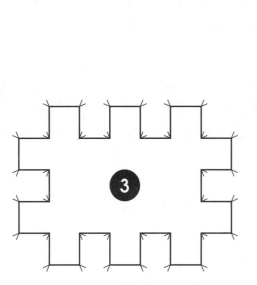

Mesure

144

La maison imaginaire

Super Zapp s'est amusé à imaginer le plan
d'une maison. Il ne lui reste qu'à le colorier.

http://webcec.ca/m94/

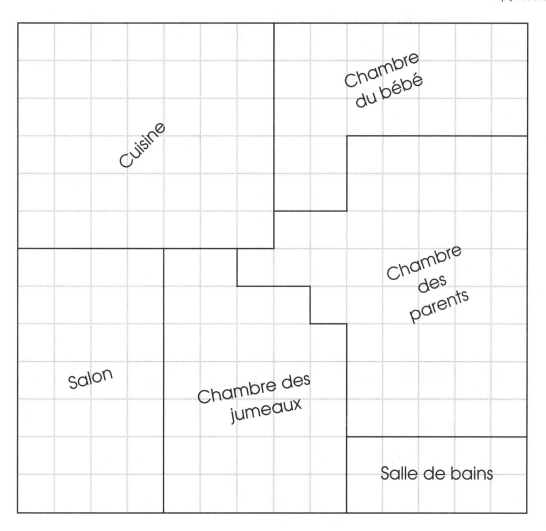

**Aide-le en coloriant en ordre croissant les pièces de la maison
selon la surface qu'elles occupent.**

1. Bleu (la plus petite)   4. Jaune (4e)

2. Rouge (2e)   5. Rose (5e)

3. Vert (3e)   6. Mauve (la plus grande)

Les blocs

Super Zapp a reçu un cadeau de sa marraine. Il s'est empressé
de jouer avec ses nouveaux blocs de toutes les formes.

http://webcec.ca/p38/

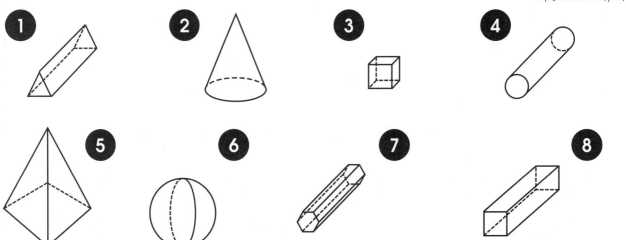

Super Zapp a remarqué que les faces des solides ont différentes formes.
Indique quelle forme ont les faces de chaque solide en faisant
un **X** dans les bonnes colonnes, comme dans l'exemple.

Solide	Figures				
	Triangle △	Cercle ○	Rectangle ▭	Carré □	Hexagone ⬡
1	✗		✗		
2					
3					
4					
5					
6					
7					
8					

À parts égales !

Fais un **✗** sur les objets qui sont symétriques.

Une hauteur à sa mesure...

Super Zapp se demande si on doit utiliser un mètre ou un décimètre pour mesurer les différents objets qu'il a vus en se promenant ce matin. Aide-le en faisant un **✗** dans la bonne colonne.

	dm	m
1		
2		
3		
4		
5		
6		
7		

À chaque objet sa mesure !

Savais-tu que
100 cm = 10 dm = 1 m ?

Super Zapp a fait un devoir sur les mesures.
Corrige son travail en indiquant si, d'après toi,
ses mesures sont vraies ou fausses.

Objet	Mesure	Vrai ou faux ?
○ 1. Crayon de bois	12 cm	
2. Règle	3 dm	
3. Chaise	3 m	
4. Feuille mobile	5 dm	
5. Gomme à effacer	2 dm	
○ 6. Bureau	13 cm	
7. Tableau	4 m	
8. Corbeille à papier	1 m et 3 dm	
9. Porte	2 m	
10. Fenêtre	1 dm et 4 cm	
11. Clavier d'ordinateur	6 cm	
○ 12. Calculatrice	50 dm	

Je grandis, moi aussi!

L'amie de Super Zapp doit remettre en ordre les pages de son journal de bébé. Ces pages indiquent la taille qu'elle mesurait à plusieurs âges. Aide-la! Replace sur chaque page l'âge qu'elle avait lorsqu'on l'a mesurée, comme dans l'exemple.

Exemple:

À 1 an

Je mesurais 8 dm.

1 m et 5 cm

67 cm

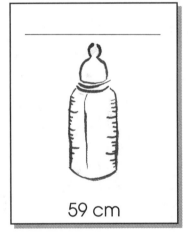

59 cm

À 4 ans

À 6 mois

Dans le ventre de maman

À 2 mois

À 6 ans

À 8 ans

2 dm et 5 cm

1 m et 20 cm

1 m et 25 cm

Joyeux anniversaire, Super Zapp!

Trace une carte d'anniversaire rectangulaire pour Super Zapp, de 10 cm de largeur sur 15 cm de hauteur. Écris-lui un petit message à l'intérieur.

Vu d'un autre angle

Aide Super Zapp à démêler tous ces angles.
Colorie les angles droits en rouge.
Colorie les angles aigus en vert.
Colorie les angles obtus en bleu.

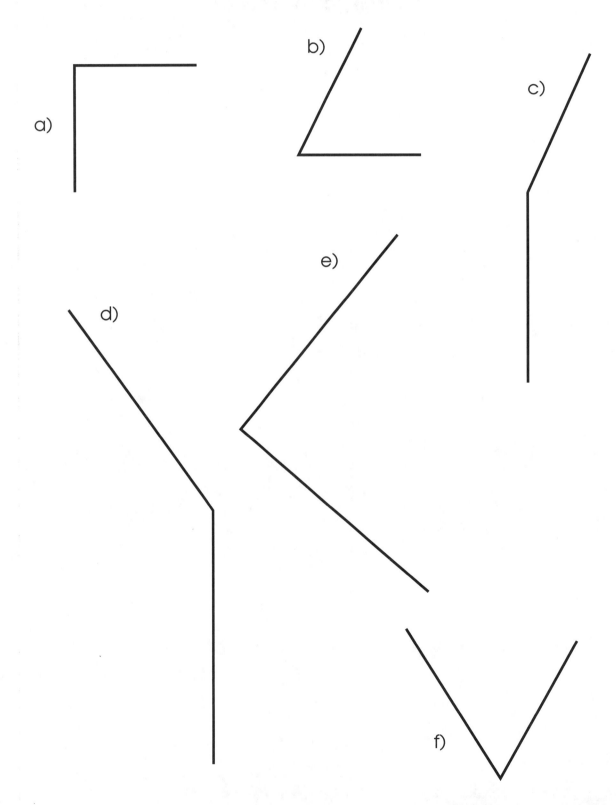

La 3ᵉ année, c'est toute une année!

Un «casse-tête» de nombres

Super Zapp adore se «casser la tête». Il t'a fabriqué un petit jeu.
Trouve ce que signifient les flèches et complète cette feuille.

$\rightsquigarrow$ = _____

$\longrightarrow$ = _____

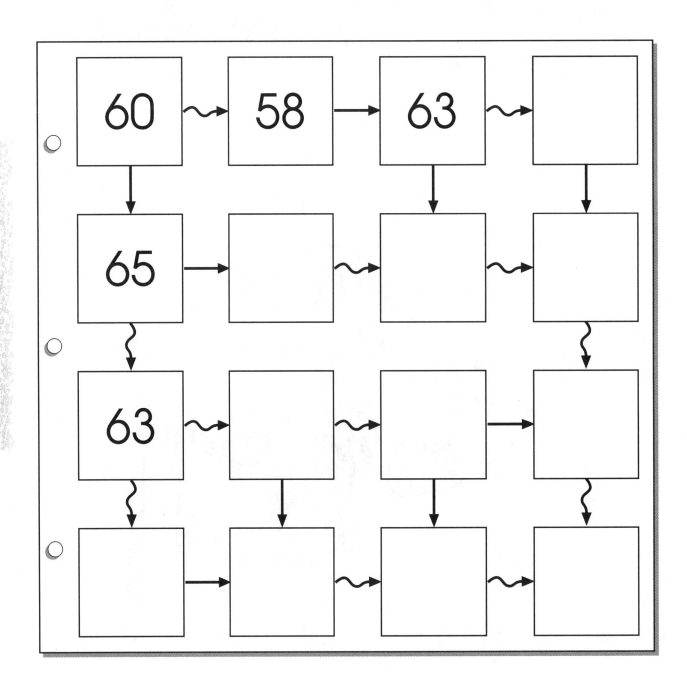

Nombres naturels

Des nombres à classer

1. Super Zapp aide sa mère à classer des fiches de recettes. Il y en a beaucoup. Voici les numéros des fiches que Super Zapp doit classer. Aide-le à les placer au bon endroit.

| 423 | 632 | 719 | 266 | 878 |
| 513 | 479 | 127 | 545 | 951 |

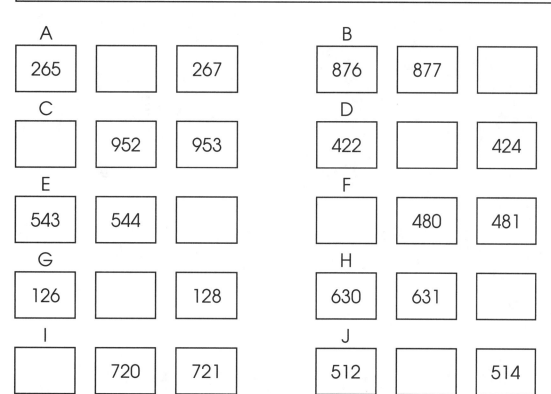

A
| 265 | | 267 |

B
| 876 | 877 | |

C
| | 952 | 953 |

D
| 422 | | 424 |

E
| 543 | 544 | |

F
| | 480 | 481 |

G
| 126 | | 128 |

H
| 630 | 631 | |

I
| | 720 | 721 |

J
| 512 | | 514 |

2. a) Encercle les chiffres qui occupent la position des dizaines.

| 67 | 236 | 458 | 903 | 1 222 | 2 146 |

http://webcec.ca/g86/

b) Encercle les chiffres qui occupent la position des centaines.

| 421 | 800 | 1 021 | 1 613 | 2 141 | 6 261 |

Nombres naturels

À la bijouterie

Super Zapp et son père se rendent à la petite bijouterie du coin. Ils doivent y acheter un cadeau pour l'anniversaire de maman.

http://webcec.ca/y48/

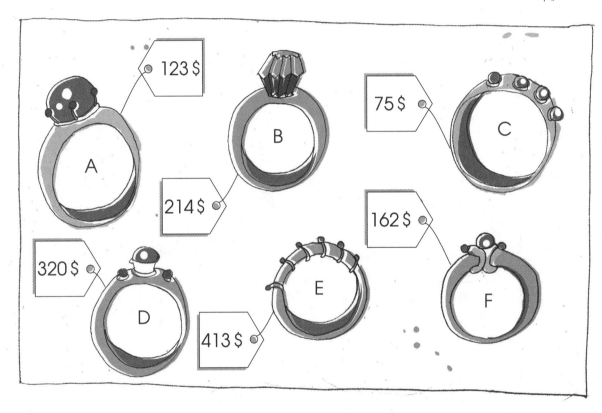

1. Quel est le prix de la bague la moins chère ? _____

2. Quel est le prix de la bague la plus chère ? _____

3. Si le bijoutier offre un rabais de 24 $ sur toutes
   les bagues, quel sera le prix de la bague E ? _____

4. Quelle est la différence de prix entre la bague F et la bague C...

   a) avant le rabais ? _____

   b) après le rabais ? _____

Probable ou non?

Super Zapp se pose bien des questions. Aide-le à y répondre
en encerclant le choix le plus probable.

1. Super Zapp a un bouquet contenant huit tulipes jaunes et trois tulipes
   rouges. S'il prend deux tulipes de la même couleur, quelle paire
   est-il le plus probable qu'il prenne?

   Deux tulipes jaunes   Deux tulipes rouges

2. Pour le dessert, il y a sur la table une boîte contenant six beignes.
   Deux de ces beignes sont à la vanille et les autres sont au chocolat.
   Si Super Zapp prend deux beignes, quelle paire est-il le plus
   probable qu'il prenne?

   Deux beignes au chocolat   Un beigne au chocolat
                                     et un à la vanille

3. Au restaurant du coin, on sert du poulet deux soirs par semaine,
   du poisson un soir par semaine et des pâtes trois soirs par semaine.
   Si Super Zapp va y manger ce soir, qu'a-t-il le plus de chance
   de retrouver au menu?

   Du poisson   Du poulet   Des pâtes

Probabilité

Un jeu savoureux !

Trouve les réponses des soustractions suivantes.
Barre ensuite ces réponses au bas de la page.
Les lettres restantes formeront un mot mystère.

http://webcec.ca/y48/

	Calculs		Calculs
1 576 – 171 = _____		**2** 785 – 303 = _____	
3 65 – 21 = _____		**4** 237 – 208 = _____	
5 919 – 481 = _____		**6** 163 – 89 = _____	
7 335 – 276 = _____		**8** 357 – 148 = _____	
9 913 – 248 = _____		**10** 580 – 422 = _____	
11 736 – 673 = _____		**12** 659 – 380 = _____	

74	U	59	W	29	M	158	Z	279	I
438	H	162	P	239	A	573	S	122	T
209	F	661	E	172	Q	44	G	304	U
665	A	482	O	63	Z	425	E	405	S

Le mot mystère est le nom d'un fruit.

La réponse est : _____

Et c'est le but !

**Super Zapp et son père ont reçu des billets pour un match de hockey.
Ils sont à la recherche de leur siège.
Peux-tu les aider en te servant des indices ci-dessous ?**

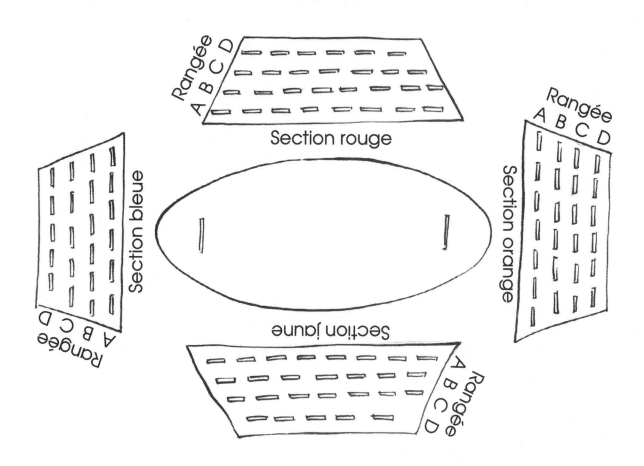

Fais un X sur le bon siège.

– Super Zapp est assis dans une section d'une des couleurs d'un feu de circulation.

– Quand il est assis à sa place, la section orange est à sa gauche.

– Il y a deux rangées de personnes assises devant Super Zapp.

– Dans sa rangée, il y a autant de personnes assises à la droite de Super Zapp qu'il y en a d'assises à sa gauche.

Des chiffres manquants

Super Zapp a fait son devoir de mathématique,
mais son ami s'est amusé à effacer certains chiffres.

1. Aide-le à trouver les chiffres qui manquent.

a)
```
   1 3 7
 + 1 □ 5
 ───────
   3 2 2
```

b)
```
   1 7 6
 + 1 1 □
 ───────
   2 8 9
```

c)
```
   2 □ 5
 + 2 4 3
 ───────
   4 6 8
```

d)
```
   1 5 4
 + 2 2 4
 ───────
   3 □ □
```

e)
```
   3 3 5
 − 1 8 □
 ───────
   1 4 9
```

f)
```
   2 □ 0
 −   9 8
 ───────
   1 0 2
```

g)
```
   4 5 2
 − □ 7 5
 ───────
     7 7
```

h)
```
   3 0 0
 − 1 □ 0
 ───────
   1 5 0
```

**2. Prends les chiffres que tu as écrits dans les carrés, dans l'ordre,
et, à l'aide du code suivant, trouve le nom de l'ami de Super Zapp.**

Code :
1 = p	6 = t
2 = b	7 = a
3 = e	8 = s
4 = o	9 = r
5 = n	0 = i

Nombres naturels

160

Des multiplications à profusion

Super Zapp joue aux cartes avec sa mère.
Chaque fois, ils tournent tous deux une carte et ils doivent
multiplier les nombres sur les cartes. La première personne
à trouver la réponse marque autant de points que la réponse.

1. Trouve les cartes ou les réponses qui manquent.

a)

http://webcec.ca/e89/

b)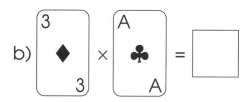

f)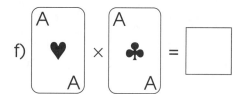

c)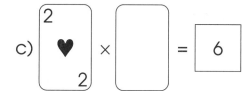

g)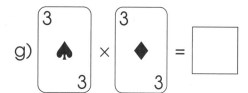

d)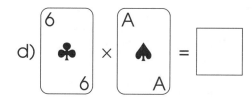

e)

h)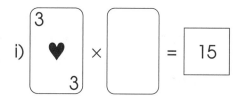

i)

2. Super Zapp a gagné les tours a, d, g, h et i. Sa maman a gagné les autres.

a) Combien de points a gagnés Super Zapp? _____

b) Combien de points a gagnés sa maman? _____

Nombres naturels

Des biscuits pour tous les goûts

La tante de Super Zapp vend des biscuits en forme d'animaux.
Aujourd'hui, Super Zapp l'aide à faire son inventaire.
Voici combien il reste de chaque sorte de biscuit.

http://webcec.ca/g86/

586	856	658	568	685	865	786	876	768	678
renard	baleine	oiseau	chat	mouton	poule	bœuf	lapin	canard	chien

Trouve la sorte de biscuit comptée dans chacune de ces devinettes mathématiques.

a) 6 centaines 8 unités 5 dizaines	b) 5 unités 6 dizaines 8 centaines	c) 8 unités 5 centaines 6 dizaines
d) 86 + 500	e) 6 + 70 + 800	f) 600 + 70 + 8
g) 5 dizaines 6 unités 8 centaines	h) 7 centaines 6 dizaines 8 unités	i) 8 dizaines 7 centaines 6 unités
j) 8 + 700 + 60	k) 80 + 5 + 300 + 300	l) 300 + 8 + 60 + 400

Nombres naturels

162

Nombres croisés

Remplis la grille ci-dessous à l'aide des indices que Super Zapp t'a laissés.

Horizontalement

1. Nombre qui précède 26.
   Un nombre malchanceux.
   $3 \times 12 = ?$

2. 3 de plus que 17.
   Qui vient après 178.

3. $15 \div 3 = ?$
   $12 + 12 = ?$
   5 centaines, 3 unités et
   2 dizaines.

4. $27 \times 0 = ?$
   $40 + 600 + 7 = ?$

5. Combien d'argent font 2 billets
   de 50 $ et un billet de 10 $?
   $36 \div 4 = ?$
   Combien y a-t-il de jours dans
   le mois de décembre ?

6. 2 unités et 6 dizaines.
   $130 + 65 + 83 = ?$
   Le carré de 25.

Verticalement

A) 25 unités et 2 centaines.
   $48 \div 3 = ?$

B) Complète la suite :
   20 - 30 - 40 - ?
   $2 \times 6 = ?$

C) 2 centaines.

D) $482 - 368 = ?$
   Le plus petit nombre premier.

E) 7 unités et 3 dizaines.
   $380 + 317 = ?$

F) Entre 953 et 955.
   $56 \div 7 = ?$

G) Nombre de facteurs de 25.
   3 unités, 7 dizaines et
   2 centaines.

H) Nombre de facteurs de 12.
   $4 \times 2 - 5 = ?$
   $3 \times 5 = ?$

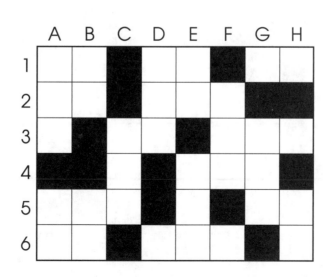

Un cadenas à numéros

Super Zapp s'est acheté un cadenas à numéros, mais il en a oublié la combinaison. Il se souvient que c'est une combinaison à trois chiffres qui ne contient que des 7 et des 9, mais il ne sait plus dans quel ordre ils vont. Aide-le à trouver toutes les combinaisons possibles avec ces deux chiffres.

1er chiffre	2e chiffre	3e chiffre	Combinaison
7	7	7	
		9	
	9	7	
		9	
9	7	7	
		9	
	9	7	
		9	

Multiplions, les champions!

Colorie de la même couleur les multiplications
qui donnent le même résultat.

http://webcec.ca/e89/

$0 \times 5 = \boxed{0}$

$12 \times 1 = \boxed{12}$

$2 \times 10 = \boxed{20}$

$3 \times 8 = \boxed{24}$

$4 \times 0 = \boxed{0}$

$4 \times 6 = \boxed{34}$

$3 \times 6 = \boxed{18}$

$2 \times 6 = \boxed{12}$

$0 \times 8 = \boxed{0}$

$2 \times 9 = \boxed{18}$

$3 \times 0 = \boxed{0}$

$4 \times 5 = \boxed{20}$

$3 \times 4 = \boxed{12}$

$10 \times 2 = \boxed{20}$

$12 \times 2 = \boxed{24}$

$6 \times 2 = \boxed{12}$

$0 \times 7 = \boxed{0}$

$5 \times 4 = \boxed{20}$

$6 \times 4 = \boxed{24}$

$4 \times 3 = \boxed{12}$

$6 \times 3 = \boxed{9}$

Nombres naturels

Vive le partage !

Super Zapp t'invite à jouer avec les fractions.

1. Dans chaque dessin, colorie la fraction indiquée.

a) $\dfrac{1}{2}$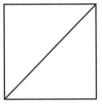

b) $\dfrac{1}{4}$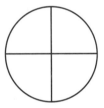

c) $\dfrac{1}{5}$

d) $\dfrac{1}{3}$

2. Résous l'équation suivante en coloriant les fractions demandées.

$$\dfrac{1}{2} \quad + \quad \dfrac{1}{2} \quad = \quad \dfrac{}{}$$

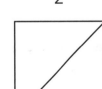 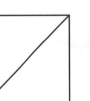 

Graphiques comiques

Les amis de Super Zapp lui ont fabriqué un petit jeu.
Aide-le en coloriant les cases demandées. Tu obtiendras des images.

1 Colorie : (C,1) (C,2) (E,1) (E,2)
         (D,3) (C,3) (E,3) (E,4) (E,5)
Quelle est l'image que tu vois ?

_____

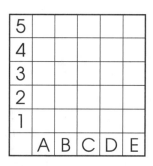

2 Colorie : (B,1) (A,3) (A,2) (E,3) (C,5) (E,1)
         (D,4) (D,1) (B,4) (E,2) (C,1) (A,1)
Quelle est l'image que tu vois ?

_____

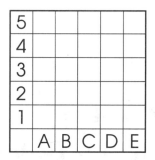

3 Colorie : (B,2) (C,2) (D,2) (B,3) (C,3) (B,4)
Quelle est l'image que tu vois ?

_____

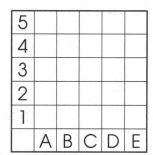

4 Colorie : (B,1) (B,2) (B,3) (B,4) (B,5)
         (D,1) (D,2) (D,3) (D,4) (D,5)
         (C,1) (C,3) (C,5)
Quel est le chiffre que tu vois ?

_____

Géométrie

Un mobile solide

Super Zapp a fabriqué un mobile pour le suspendre dans sa classe.

Regarde-le attentivement, puis réponds aux devinettes de Super Zapp.
Ensuite, trouve le nom de chaque solide.

http://webcec.ca/p38/

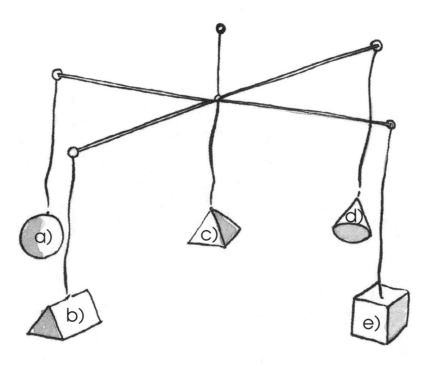

Qui suis-je ?

1. J'ai neuf arêtes, deux faces triangulaires et trois faces rectangulaires.

Je porte la lettre : _____   Mon nom est : _____

2. J'ai six faces et six arêtes pareilles.

Je porte la lettre : _____   Mon nom est : _____

3. J'ai une face carrée et quatre faces triangulaires.

Je porte la lettre : _____   Mon nom est : _____

4. J'ai un seul sommet et une face ronde.

Je porte la lettre : _____   Mon nom est : _____

Géométrie

Des « aires » bien connues !

Trouve l'aire des figures suivantes.

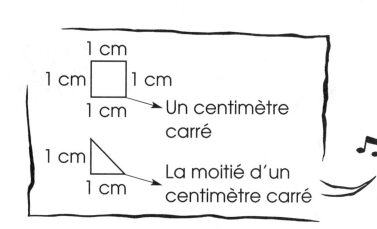

http://webcec.ca/w74/

Exemple :

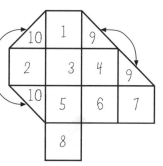

L'aire : 10 centimètres carrés

1

L'aire : _____

2

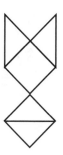

L'aire : _____

3

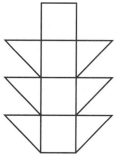

L'aire : _____

4

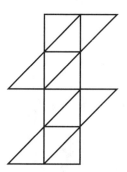

L'aire : _____

5

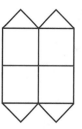

L'aire : _____

Mesure

Ma douce moitié

Super Zapp a reçu un jeu de symétrie en cadeau.
Il doit reproduire l'autre moitié de chaque dessin. Aide-le!

http://webcec.ca/h29/

Géométrie

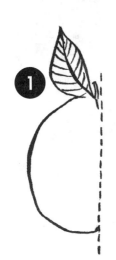

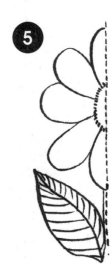

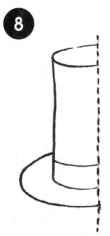

170

Des nombres en forme

Classe ces nombres avec Super Zapp. Colorie en jaune les formes contenant des nombres carrés. Ensuite, parmi les nombres qui restent, colorie en rouge les nombres premiers et en bleu les nombres composés.

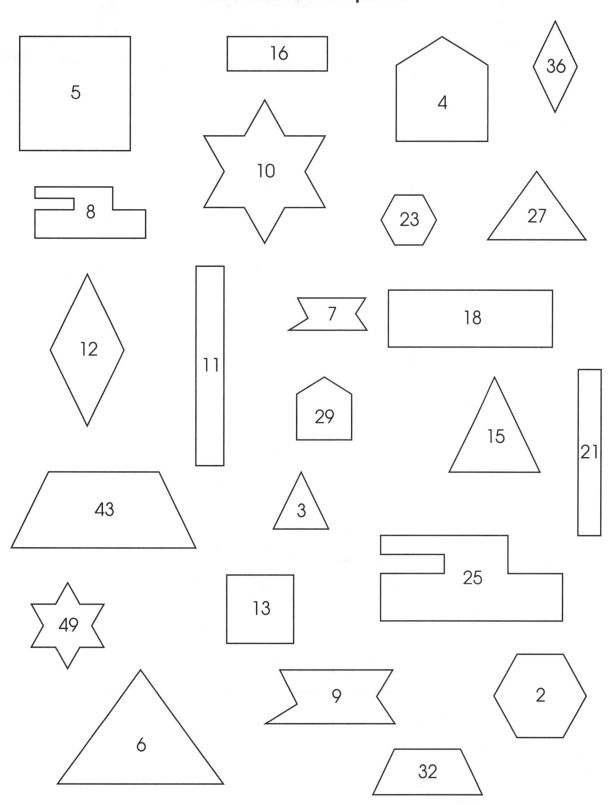

Le festival des décimales

Super Zapp te propose quelques devinettes sur les nombres décimaux.

1. Trouve les nombres mystères.

a) J'ai un 6 à la position des centaines, un 2 à la position des dixièmes, un 5 à la position des unités, un 7 à la position des unités de mille, un 0 à la position des dizaines et un 8 à la position des centièmes.

http://webcec.ca/f63/

Qui suis-je ? _____

b) J'ai 5 dixièmes, 3 centaines, 4 unités de mille, 8 dizaines, 9 centièmes, 2 dizaines de mille et 7 unités.

Qui suis-je ? _____

c) Pour me trouver, ajoute 2 centaines et 4 dixièmes, et enlève 1 centième et 3 unités à 3 549,26.

Qui suis-je ? _____

2. Encercle la réponse qui te semble la bonne.

a)
$$2,14$$
$$+ \ 7,81$$
_____

99,5   9,95

b)
$$51,07$$
$$+ \ 73,23$$
_____

154,63   124,3

c)
$$423,87$$
$$- \ 173,53$$
_____

597,4   250,34

Nombres décimaux

Un tapis sur mesure...

1. Le papa de Super Zapp veut installer un tapis dans les deux corridors de sa maison. Le corridor du bas mesure six mètres. Celui du haut est deux fois plus long que celui du bas. Quelle longueur de tapis doit-il acheter pour couvrir les deux corridors?

_____

2. Le papa de Super Zapp doit aussi acheter un tapis qui couvrira les marches de l'escalier du sous-sol. Quelle longueur devra mesurer ce tapis...

   a) en décimètres? _____

   b) en mètres? _____

http://webcec.ca/c34/

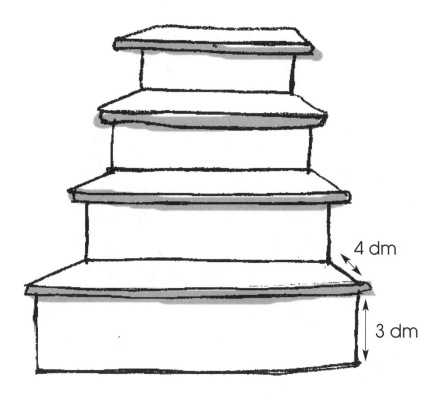

4 dm

3 dm

Mesure

Des trajets différents

Super Zapp veut savoir quel est le trajet le plus court
pour se rendre chez son amie. Mesure les trajets avec ta règle.
Encercle le trajet le plus court et fais un ✗ sur le plus long.

S = Super Zapp   A = Amie

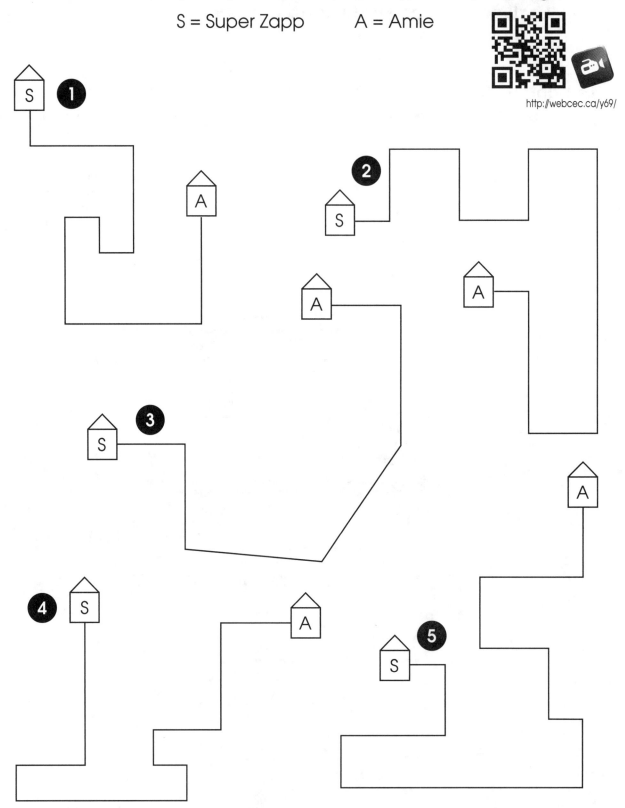

Mesure

Vrai ou faux?

Lis les énoncés ci-dessous et réponds par vrai ou faux.

	Vrai	Faux
1. Un arbre mature peut mesurer 5 cm.	✓	
2. Une femme peut mesurer 1 m et 8 dm.	✓	
3. La longueur d'une automobile = 6 m.		✗
4. Un banc peut avoir une hauteur de 50 cm.		✗
5. Un pain croûté peut mesurer 4 dm.		
6. Un verre peut mesurer 3 mm de hauteur.		
7. La hauteur d'une marguerite = 4 m.		
8. La largeur d'une gomme à effacer est d'environ 20 mm.		
9. La longueur d'une table = 6 cm.		
10. La longueur d'une règle = 30 cm.		
11. La hauteur d'un chapeau = 10 m.		
12. Un bas peut mesurer 2 dm de hauteur.		

Mesure

Et passe le temps...

Aide Super Zapp à compter le temps qui passe.

1. Super Zapp avait son cours de guitare ce matin. Celui-ci dure une heure. Le trajet pour y aller et pour en revenir prend 15 minutes dans chaque direction. Combien de temps Super Zapp a-t-il été parti de chez lui en tout?

   _____

2. Karim, l'ami de Super Zapp, est venu jouer à la maison. Les deux amis ont joué aux charades pendant 40 minutes, puis ils sont allés promener le chien pendant 20 minutes. En revenant, ils ont joué à l'ordinateur pendant 45 minutes, puis Karim est reparti chez lui. Combien de temps ont-ils passé ensemble?

   _____

3. La grand-mère de Super Zapp est partie en vacances. Elle passe 2 jours à Boston, 3 jours à New York et 1 jour à Toronto. Ses vacances durent-elles plus ou moins d'une semaine?

   _____

4. La tante de Super Zapp est une grande voyageuse. Dernièrement, elle a passé 5 mois en Tunisie, 3 mois en Inde et 7 mois au Japon. A-t-elle été partie plus ou moins d'un an?

   _____

Des activités pleines de rebondissements

Épreuve de ski alpin

Trois garçons et trois filles participent à des épreuves de ski alpin.
Voici leurs résultats. Cependant, il manque certains nombres.
Résous les équations pour les trouver.

 Ingrid 34 + ☐ + 51 = 148

 Jonathan 62 + 49 + ☐ = 207

 Sophie 46 + 56 + 28 = ☐

 Habib ☐ + 73 + 84 = 265

 Nina 29 + ☐ + 66 = 198

 Justin 90 + 60 + 37 = ☐

Qui remporte la médaille… d'or ? _____

d'argent ? _____

de bronze ? _____

Nombres naturels

Un problème
pour petits génies

Pendant l'anniversaire de Super Zapp, quatre de ses amis jouent aux fléchettes. À la fin de la première partie, voici les points qu'ils ont accumulés : 90 - 100 - 130 - 160.

À l'aide des indices ci-dessous, trouve le résultat de chacun et réponds aux questions.

- Avec 10 points de plus, Rosie aurait eu le même total que Mélodie.

- Pierre a obtenu 30 points de moins que Mélodie.

- La sœur de Mélodie a accumulé le plus petit nombre de points.

	90	100	130	160
Pierre				
Rosie				
Manon				
Mélodie				

Questions :

a) Qui a gagné la partie ? _____

b) Qui a fini deuxième ? _____

c) Quelle est la différence de points entre Rosie et Pierre ?

_____

d) Qui est la sœur de Mélodie ? _____

Logique

Un cadenas spécial

Super Zapp s'est acheté un cadenas bien spécial.
Pour qu'il s'ouvre, il doit placer les flèches face à deux nombres
dont la somme égale 27. Utilise les chiffres du tableau pour
trouver toutes les combinaisons possibles.

9	8	10	13
21	19	11	20
17	16	6	15
7	14	18	12

27 = _____ + _____

27 = _____ + _____

27 = _____ + _____

27 = _____ + _____

27 = _____ + _____

27 = _____ + _____

27 = _____ + _____

27 = _____ + _____

Le chat de Super Zapp

Super Zapp a un nouveau chaton. Il lui a donné un nom
bien curieux. Pour le découvrir, trouve tout d'abord le facteur
qui manque dans chacune des suites suivantes.

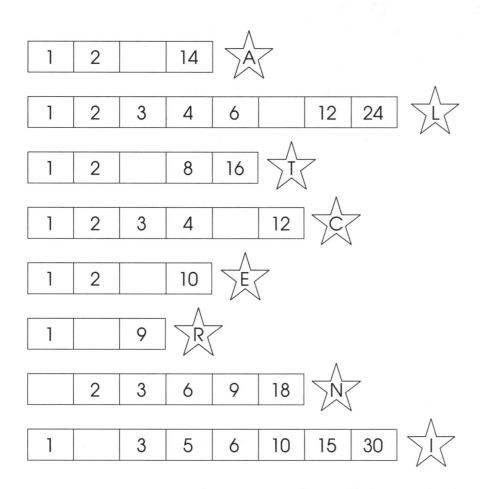

**Maintenant, dans le message codé ci-dessous, remplace les nombres
que tu as trouvés par les lettres dans les étoiles.**

___ ___ ___ ___ ___ ___ ___ ___ ___ ___
 6   8   7   3   2   1   5   4   4   5

Le chaton de Super Zapp s'appelle : _____

Résolution de problèmes

Résous les problèmes suivants.

1 Vendredi, Jude a parcouru 471 km en voiture.

Samedi, elle a parcouru 329 km.

Dimanche, elle a fait 506 km.

Vendredi, Steve a parcouru 8 km.

Quelle distance Jude a-t-elle parcourue vendredi et samedi ?

Réponse :

2 Paul avait 18 autocollants.

Il en a donné 2 à chacun de ses 6 camarades.

Combien lui en reste-t-il ?

Réponse :

3 Il y a 8 crayons dans une boîte.

Combien y en a-t-il dans 3 boîtes ?

Réponse :

4 Dans une animalerie, il y a 5 cages de chatons.

Il y a 9 chatons par cage.

Combien y a-t-il de chatons dans le magasin ?

Réponse :

5 Louise a joué au tennis avec Léona pendant 25 minutes, puis avec Nina pendant 25 autres minutes.

Pendant combien de temps Louise doit-elle encore jouer si elle veut s'exercer pendant une heure complète ?

Réponse :

Vite à l'action !

Trouve les réponses aux opérations suivantes
parmi celles proposées dans chaque section.

http://webcec.ca/t73/

http://webcec.ca/y48/

1

432	613	212	152
+ 421	+ 264	+ 642	+ 714
853	877	854	866

175	350	793	265
+ 685	+ 350	+ 98	+ 188
860	700	892	453

891
860
866
453
853
854
700
877

2

924	965	857	941
– 123	– 531	– 422	– 786

945	925	832	900
– 897	– 38	– 55	– 399

501
801
777
887
155
434
435
48

3 $(4 \times 3) + 2 =$ ☐ $4 \times (3 + 2) =$ ☐

   $4 \times (3 - 2) =$ ☐ $(4 \times 3) - 2 =$ ☐

20
4
14
10

Nombres naturels

D'épatantes machines à boules

Super Zapp adore jouer aux machines à boules. Il a organisé un concours avec ses amis. Trouve le pointage obtenu pour chacun d'eux. (Chaque boule vaut le nombre de points indiqué sur la pochette.)

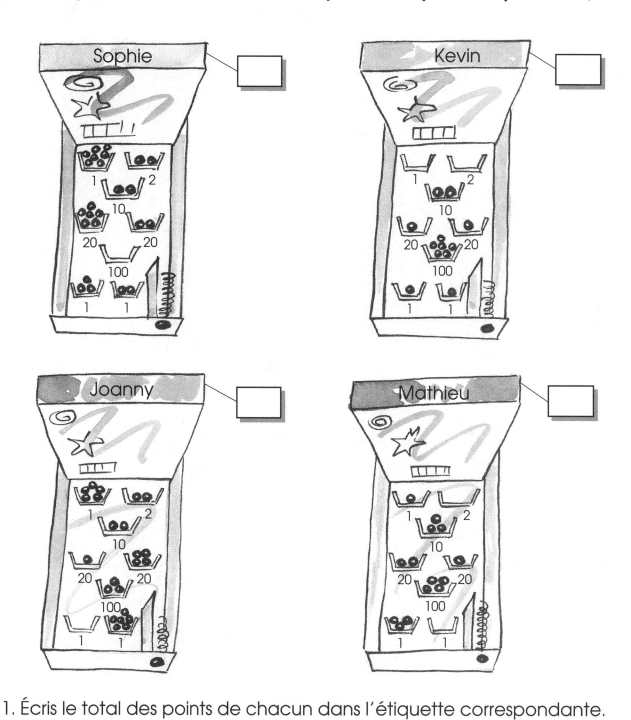

1. Écris le total des points de chacun dans l'étiquette correspondante.

2. Qui a gagné le concours ? _____

Nombres naturels

Maisons à vendre

La tante de Super Zapp veut faire un catalogue des maisons qu'elle doit vendre. Il faut d'abord qu'elle place ses photos en ordre. Sur la ligne au bas de la page, écris les numéros des photos en ordre croissant.

623 406 576

496 423 604 579

563 476 467 601

569 669 462

ORDRE CROISSANT

Décomposons et recomposons

Super Zapp décompose et recompose des nombres. Aide-le!

http://webcec.ca/a99/

1 Décompose ces nombres de deux façons.

a) 117 = ☐ + ☐ + ☐

   117 = ☐ + ☐

b) 235 = ☐ + ☐ + ☐

   235 = ☐ + ☐

c) 2 173 = ☐ + ☐ + ☐ + ☐

   2 173 = ☐ + ☐

d) 1 322 = ☐ + ☐ + ☐ + ☐

   1 322 = ☐ + ☐

2 Recompose ces nombres.

a) 300 + 7 + 20 = 327

b) 35 + 3 + 400 = 438

c) 6 + 2 000 + 600 + 10 = 2616

d) 500 + 50 + 1 = 551

e) 40 + 2 + 100 + 1 000 = 1142

f) 9 + 700 + 30 = 739

Petits jeux « mathélogiques »

1 Super Zapp prépare une surprise pour une amie. Place les cœurs en ordre décroissant et tu découvriras le nom de cette amie.

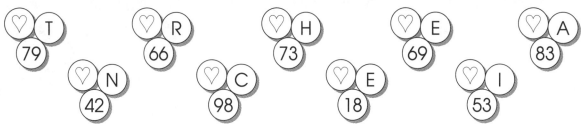

Réponse : _____

2 Fais un **X** sur les couples de nombres dont la somme est 43. Il ne doit rester aucun nombre.

20̸	11	13	21	19
18	30		31	26
33				10
38	17		25	5
22	24	12	32	2̸3̸

Écris tes équations ici.

1. $\begin{array}{r} 20 \\ + 23 \end{array}$ 2.   3.   4.   5.

6.   7.   8.   9.   10.

3 Ajoute les chiffres qui manquent pour que le total soit égal à 23 de chaque côté du triangle. Tu dois choisir parmi les chiffres suivants : 1, 3, 7 et 8.

Trois fois passera

Super Zapp s'amuse à faire un dessin à partir de multiplications.
Pour voir le dessin, trouve les réponses aux multiplications.
Ensuite, dans le carré, trace une ligne reliant les réponses entre elles,
une à la suite de l'autre.

http://webcec.ca/e89/

$5 \times 6 =$ _____

$1 \times 8 =$ _____

$4 \times 8 =$ _____

$3 \times 0 =$ _____

$5 \times 7 =$ _____

$4 \times 7 =$ _____

$3 \times 8 =$ _____

$5 \times 9 =$ _____

$3 \times 7 =$ _____

$2 \times 8 =$ _____

$1 \times 5 =$ _____

$4 \times 9 =$ _____

$3 \times 9 =$ _____

$4 \times 4 =$ _____

$3 \times 10 =$ _____

$5 \times 4 =$ _____

$1 \times 9 =$ _____

$3 \times 6 =$ _____

$2 \times 7 =$ _____

$1 \times 7 =$ _____

$6 \times 6 =$ _____

1	50	65	11	46	59	25	22	61	65
53	15	25	51	2	61	85	4	39	37
23	42	13	17	18	91	98	71	64	41
11	63	90	9	14	59	44	39	93	52
29	47	20	86	7	79	62	97	19	60
9	30	16	27	36	5	16	21	45	77
13	31	8	32	0	35	28	24	64	49
34	6	17	39	88	91	66	50	56	43

Qu'as-tu dessiné ?

Réponse : _____

Des coordonnées magiques

Trouve les coordonnées de chaque dessin,
comme dans l'exemple.

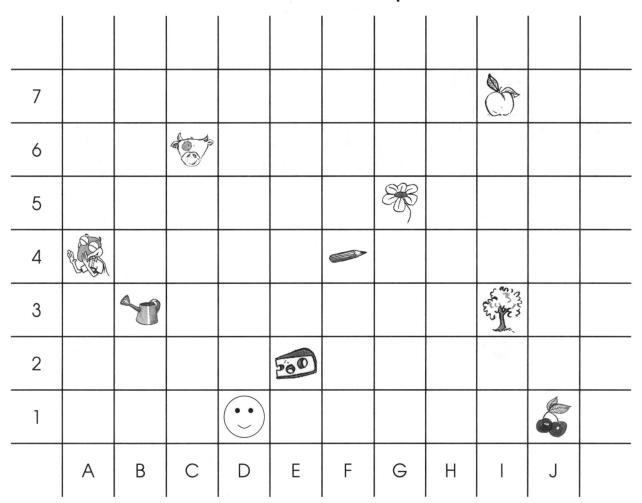

 1 se trouve à (A, 4).

 6 se trouve à (,).

 2 se trouve à (,).

 7 se trouve à (,).

 3 se trouve à (,).

 8 se trouve à (,).

 4 se trouve à (,).

 9 se trouve à (,).

 5 se trouve à (,).

 10 se trouve à (,).

Géométrie

Une collection de feuilles

Super Zapp a ressorti sa vieille collection de feuilles d'automne.
Il te demande de retrouver la seule feuille qui est symétrique
parmi les suivantes.

190

Une géométrie tout en couleurs!

Colorie en rouge les figures
dont tous les côtés sont congrus.
Colorie en bleu les figures concaves.

Souviens-toi que des
côtés congrus ont
toujours la même longueur.

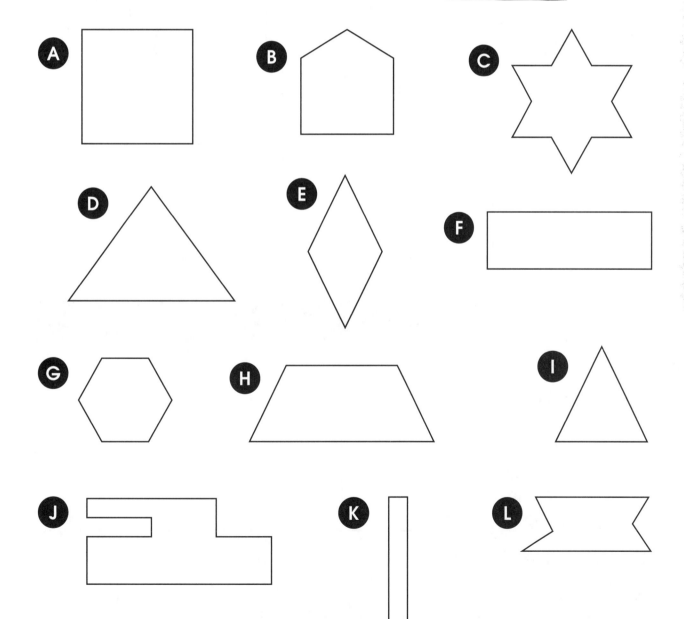

Des solides plein la caboche!

Voici les modèles de bibelots que Super Zapp observe
au magasin. Ils lui font penser aux solides géométriques.
À partir de ces modèles, remplis le tableau ci-dessous.

http://webcec.ca/p38/

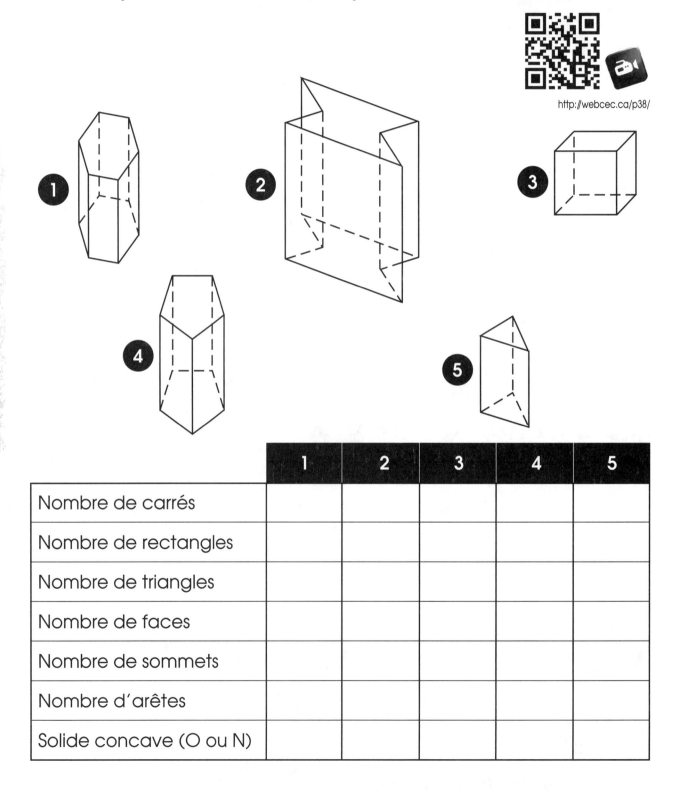

	1	2	3	4	5
Nombre de carrés					
Nombre de rectangles					
Nombre de triangles					
Nombre de faces					
Nombre de sommets					
Nombre d'arêtes					
Solide concave (O ou N)					

Géométrie

192

De solides questions

http://webcec.ca/p38/

1 Classe les solides dans le diagramme suivant.

  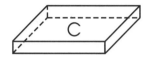

| A une surface plane | A une surface courbe |

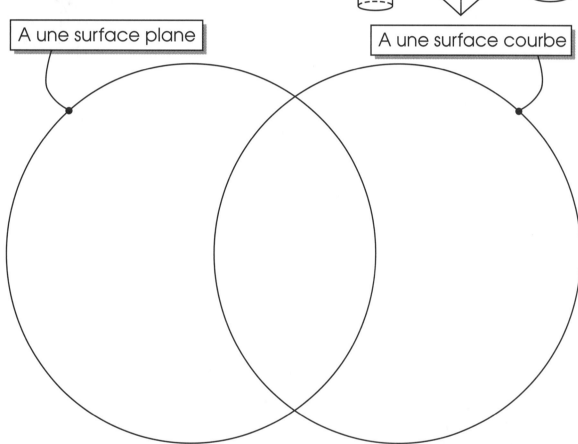

Géométrie

2 Nomme un ou deux objets que tu connais et qui ont la forme...

a) d'un cube : _____

b) d'un cône : _____

c) d'une pyramide : _____

d) d'un cylindre : _____

e) d'une sphère : _____

Des angles droits ou pas?

1 Super Zapp joue avec les angles. Parmi les figures ci-dessous, trouve celles qui possèdent un ou des angles droits et encercle-les.

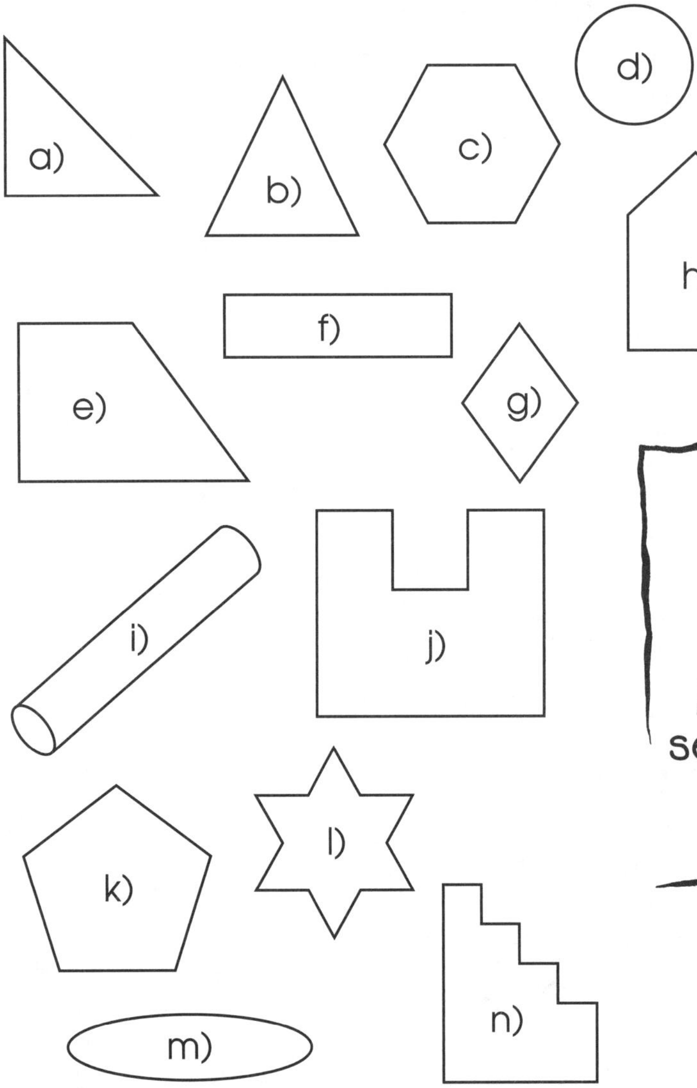

a)

b)

c)

d)

e)

f)

g)

h)

i)

j)

k)

l)

m)

n)

Un angle droit est représenté par deux droites perpendiculaires qui se rencontrent, comme le coin d'un tableau.

2 Trouve quelques objets qui possèdent un ou plusieurs angles droits.

Exemple : un cahier

_____   _____

_____   _____

_____   _____

_____   _____

_____   _____

Un dallage aveuglant

Utilise ta créativité et colorie un motif de ton choix dans ce dallage.

Attention! Tu ne peux pas passer à travers les lignes et tu dois colorier tout l'espace occupé par les dalles que tu choisis.

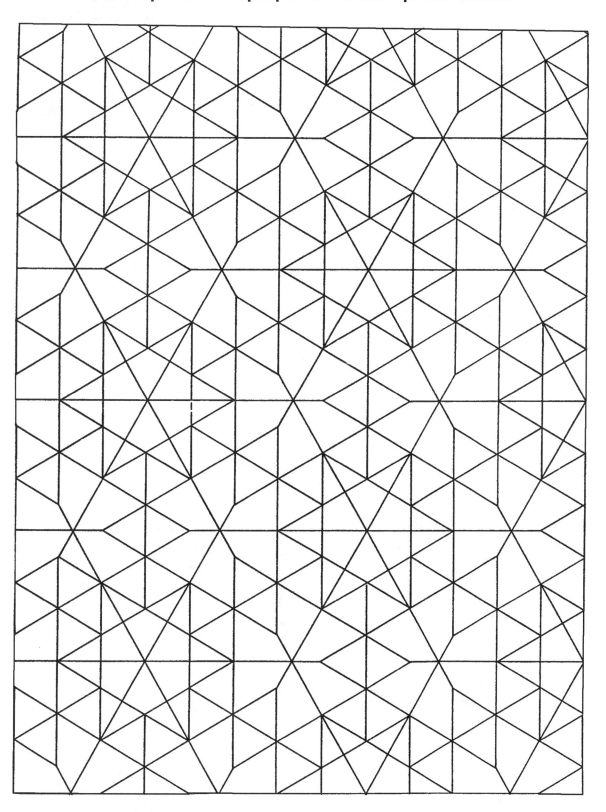

Mesure

Des mesures à ta mesure

1 Super Zapp s'est acheté une étrange affiche. En utilisant ta règle, mesure les segments demandés et remplis le tableau ci-dessous.

http://webcec.ca/y69/

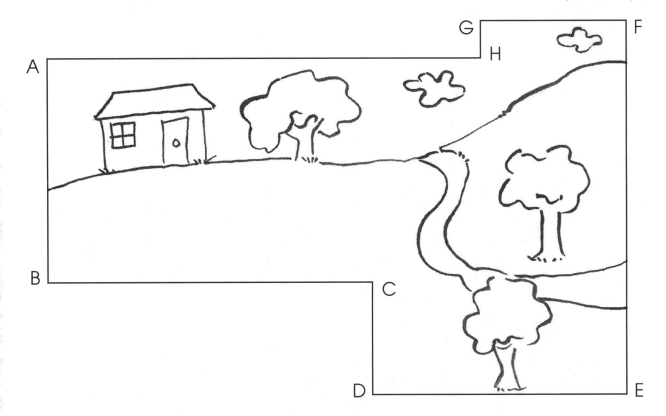

Ex. : $\overline{AB}$	6 cm		$\overline{EF}$	
$\overline{BC}$			$\overline{FG}$	
$\overline{CD}$			$\overline{GH}$	
$\overline{DE}$			$\overline{HA}$	

2 Quel est le périmètre de l'affiche? _____

Un petit raccourci?

À la récréation, Super Zapp et ses amis vont jouer près du grand arbre au fond de la cour d'école. Qui y arrivera en premier?

Pour le savoir, mesure chaque trajet en centimètres.

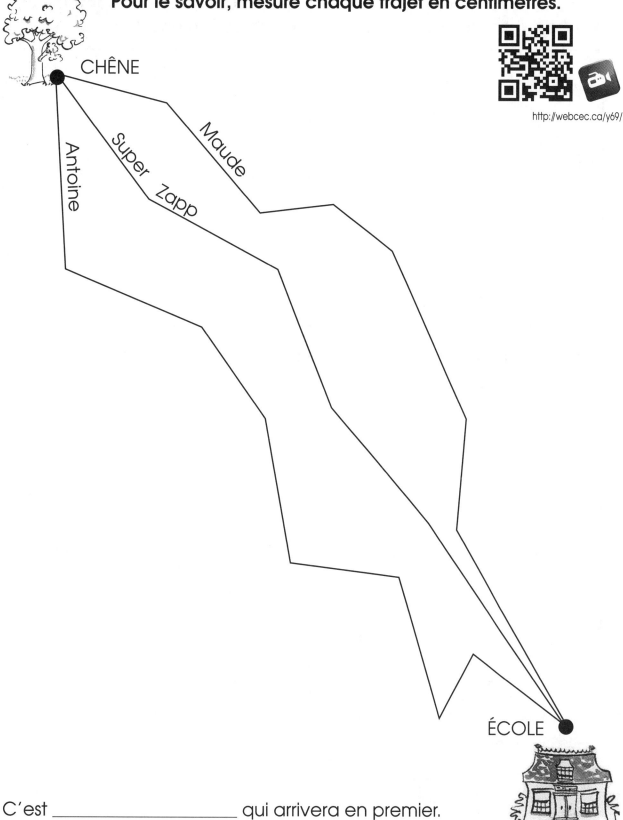

CHÊNE

Maude

Super Zapp

Antoine

http://webcec.ca/y69/

Mesure

ÉCOLE

C'est _____ qui arrivera en premier.

197

Un problème de mesures?

Super Zapp doit afficher des dessins d'élèves en haut du tableau de la classe. Chaque dessin mesure 20 cm. Le tableau mesure 3 m.

1. Si Super Zapp ne laisse aucun espace entre les dessins, combien lui faudra-t-il de dessins pour couvrir le haut du tableau?

Tu peux calculer ici.

Réponse : _____ dessins

2. Si Super Zapp laisse un espace de 5 cm entre les dessins, combien de dessins pourra-t-il placer en haut du tableau?

Tu peux calculer ici.

Réponse : _____ dessins

Mesure

Il pleut, il pleut...

Relie chaque parapluie à la bonne paire de bottes.

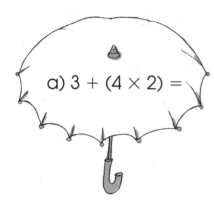

a) $3 + (4 \times 2) =$

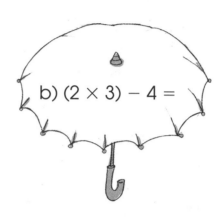

b) $(2 \times 3) - 4 =$

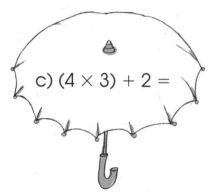

c) $(4 \times 3) + 2 =$

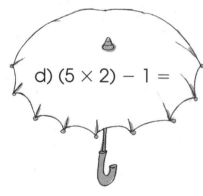

d) $(5 \times 2) - 1 =$

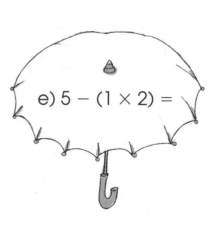

e) $5 - (1 \times 2) =$

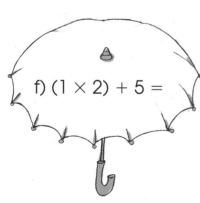

f) $(1 \times 2) + 5 =$

2

3

7

8

9

11

14

20

Nombres naturels

Du soleil à profusion!

Les achats du printemps

Super Zapp et ses amis vont faire des achats au magasin.
Chacun a 98 ¢ à dépenser.

Voici la liste de leurs achats.

Nom	25 ¢	96 ¢	60 ¢	12 ¢	51 ¢
Super Zapp	X				X
Karim		X			
Fanny	X		X		
Benjamin	X			X	X
John			X	X	

1. Quel est le montant des achats de chacun?

a) Super Zapp _____   d) Benjamin _____

b) Karim _____   e) John _____

c) Fanny _____

2. Combien d'argent reste-t-il à chacun?

a) Super Zapp _____   c) Karim _____   e) Fanny _____

b) Benjamin _____   d) John _____

3. Quel autre objet Super Zapp aurait-il pu acheter? _____

4. Quel autre objet John aurait-il pu acheter? _____

5. Quels sont les noms des enfants qui n'auraient pas pu acheter autre chose?

_____

Nombres naturels

Méli-mélo de nombres

1. Compte par 3 de 0 à 30. Écris ces nombres.

_____

2. Écris les nombres manquants.

779, _____, 781, _____, _____, 784, _____, _____, 787.

3. Complète la suite ci-dessous.

4, 8, 12, 16, _____, _____, _____, 32.

4. Ordonne ces nombres, du plus petit au plus grand.

389   58   125   998   839   215   538   899

_____

5. Place les nombres suivants en ordre décroissant.

679   283   504   796   405   832   382   967

_____

6. Écris le symbole < ou > qui convient.

a) 493 ◯ 394   f) 131 ◯ 113

b) 511 ◯ 115   g) 631 ◯ 316

c) 877 ◯ 778   h) 913 ◯ 931

d) 49 ◯ 94   i) 384 ◯ 483

e) 226 ◯ 262   j) 69 ◯ 96

Nombres naturels

Des lettres chiffrées

1. Super Zapp voudrait associer les nombres écrits en chiffres aux nombres écrits en lettres. Aide-le en reliant les uns aux autres.

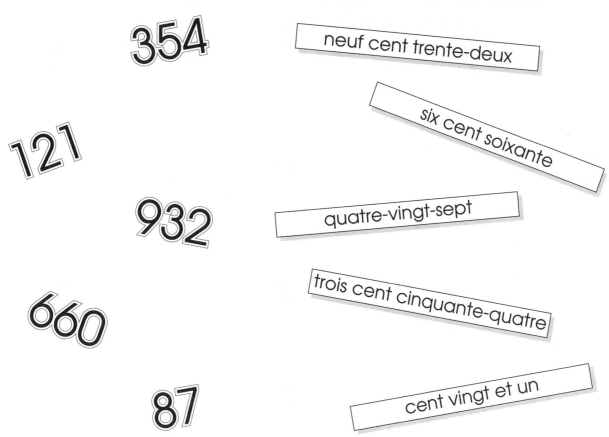

354

121

932

660

87

neuf cent trente-deux

six cent soixante

quatre-vingt-sept

trois cent cinquante-quatre

cent vingt et un

2. Écris le même nombre de deux façons différentes.

Exemple : soixante-quatre	64	60 + 4
a) cent vingt-neuf		
b)	375	
c) huit cent quatre-vingt-dix		
d)		600 + 42
e)	255	

Un message secret

Effectue les additions suivantes. Ensuite, trouve dans le code ci-dessous la lettre qui correspond à chaque réponse.

Tu pourras ainsi lire le message de Super Zapp.

http://webcec.ca/t73/

1
```
  315
+ 398
```

2
```
  100
+ 227
```

3
```
  77
+ 52
```

4
```
  185
+  59
```

5
```
  379
+ 262
```

6
```
  550
+ 350
```

7
```
  513
+ 128
```

8
```
  444
+ 376
```

9
```
  235
+ 300
```

10
```
  33
+ 96
```

11
```
  255
+ 218
```

12
```
  521
+ 194
```

13
```
  333
+ 308
```

14
```
  122
+ 122
```

15
```
  410
+ 410
```

16
```
  98
+ 98
```

Nombres naturels

Code :

A = 327	J' = 713	N = 473	S = 196
E = 641	L = 900	P = 820	T = 715
I = 129	M = 244	R = 535	

Message secret :

_____

Des fléchettes endiablées

**Super Zapp et ses amis organisent un concours de fléchettes.
Additionne les points pour connaître le total accumulé
par chacun d'eux.**

1   Super Zapp

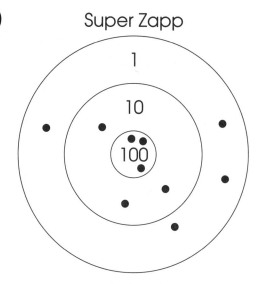

_____ centaine(s) = _____

_____ dizaine(s) = _____

_____ unité(s)   = _____

         Total   = _____

2   Karim

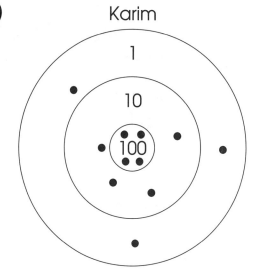

_____ centaine(s) = _____

_____ dizaine(s) = _____

_____ unité(s)   = _____

         Total   = _____

3   Fanny

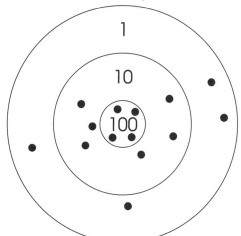

_____ centaine(s) = _____

_____ dizaine(s) = _____

_____ unité(s)   = _____

         Total   = _____

4   John

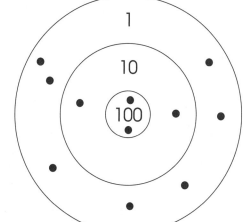

_____ centaine(s) = _____

_____ dizaine(s) = _____

_____ unité(s)   = _____

         Total   = _____

Nombres naturels

Tout de suite !

http://webcec.ca/r62/

1. **Super Zapp te propose des suites de nombres. Trouve la règle de chaque suite et ajoute quatre nombres à chacune.**

   a) 124, 129, 127, 132, 130, ⬚ , ⬚ , ⬚ , ⬚

   Règle : _____

   b) 653, 663, 660, 661, 671, 668, 669, ⬚ , ⬚ , ⬚ , ⬚

   Règle : _____

   c) 72, 81, 82, 91, 92, ⬚ , ⬚ , ⬚ , ⬚

   Règle : _____

   d) 222, 233, 244, 255, ⬚ , ⬚ , ⬚ , ⬚

   Règle : _____

   e) 444, 436, 439, 431, 434, ⬚ , ⬚ , ⬚ , ⬚

   Règle : _____

2. **À ton tour d'inventer une suite !
   N'oublie pas d'écrire la règle.**

   ⬚ , ⬚ , ⬚ , ⬚ , ⬚ , ⬚ , ⬚ , ⬚ , ⬚

   Règle : _____

Les devinettes de Super Zapp

1
Mon excursion à la cabane à sucre coûte 23 $. Papa paie pour moi avec un billet de 50 $. Combien d'argent lui reste-t-il ?

Réponse : _____

2
Il y a 26 élèves dans ma classe. Parmi eux, 15 élèves ont accepté de venir à la cabane à sucre et 7 élèves ont refusé. Combien d'élèves n'ont pas encore donné leur réponse ?

Réponse : _____

3
Pour le dîner, 150 personnes mangent à la cabane à sucre. Il y a 22 élèves qui ne veulent pas manger de fèves au lard. Combien d'élèves en mangeront ?

Réponse : _____

4
À la cabane à sucre, j'achète 2 contenants de tire à 7 $ chacun et 3 contenants de sirop d'érable à 5 $ chacun. Combien d'argent ai-je dépensé ?

Réponse : _____

5
Si 3 autobus transportant chacun 42 élèves arrivent à la cabane à sucre, combien d'élèves sont présents à la cabane à sucre ?

Réponse : _____

Le défi des champions

Super Zapp te propose un défi de vitesse.
Pour chaque équation, il te suggère deux réponses.
À toi d'encercler la bonne.

Essaie de les trouver toutes en moins de 15 minutes.

1. $4 + 5 =$ 9 ou 20	2. $18 - 8 =$ 26 ou 10
3. $13 + 5 - 7 =$ 15 ou 11	4. $6 \times 6 - 7 =$ 29 ou 1
5. $4 + 9 =$ 13 ou 15	6. $10 - 0 + 9 =$ 1 ou 19
7. $(2 \times 4) - 3 =$ 5 ou 2	8. $18 - 7 - 6 =$ 5 ou 17
9. $(8 \times 3) - 5 =$ 19 ou 16	10. $9 \times 0 =$ 9 ou 0
11. $16 - 7 =$ 11 ou 9	12. $7 \times 4 =$ 24 ou 28
13. $(3 \times 3) + 3 =$ 9 ou 12	14. $11 - 4 + 3 =$ 21 ou 10
15. $12 + 3 =$ 15 ou 36	16. $4 \times 4 - 9 =$ 7 ou 20
17. $4 \times 4 =$ 8 ou 16	18. $5 + 7 - 3 =$ 9 ou 32
19. $14 - 3 =$ 11 ou 12	20. $7 \times 7 - 5 =$ 35 ou 44
21. $16 - 8 + 4 =$ 12 ou 32	22. $19 - 7 =$ 8 ou 12
23. $(5 \times 9) - 5 =$ 20 ou 40	24. $8 + 6 =$ 14 ou 24
25. $9 - 1 + 7 =$ 1 ou 15	26. $5 \times 7 =$ 12 ou 35
27. $14 + 1 =$ 14 ou 15	28. $3 \times 3 \times 4 =$ 13 ou 36
29. $3 \times 3 =$ 9 ou 27	30. $18 - 11 =$ 7 ou 9

Nombres naturels

208

Vocabulaire mathématique

Remplis la grille de mots croisés en utilisant les mots dans la bulle.

Horizontalement

1. Contraire d'une multiplication.
2. Figure à 4 côtés égaux.
4. Contraire d'une soustraction. Nombre qui vient immédiatement après 99.
6. Résultat d'une addition. Multiple de 3.
7. Unité de mesure égale à 10 dm.
9. 5 est la _____ de 10.
11. Nombre qui peut être divisé par 2.
12. Contraire d'additionner.
14. Lignes communes reliant 2 faces.

Verticalement

2. Groupe de 10 unités. Nombre qui ne peut pas être divisé par 2.
4. Résultat d'une multiplication.
5. Multiple de 5.
9. Indiquent une quantité.
11. Symboles numériques.
14. Groupement de 10 dizaines.
15. Chacun des nombres dans une opération.

division, dizaine, mètre, pair, impair, addition, dix, produit, nombres, somme, demie, chiffres, soustraire, arêtes, terme, centaine, carré, cent, six

Divers

Une visite sucrée !

Super Zapp va fêter l'arrivée du printemps à la cabane à sucre avec tous les amis de sa classe.

Son professeur lui a remis un plan du site où se trouve la cabane à sucre.

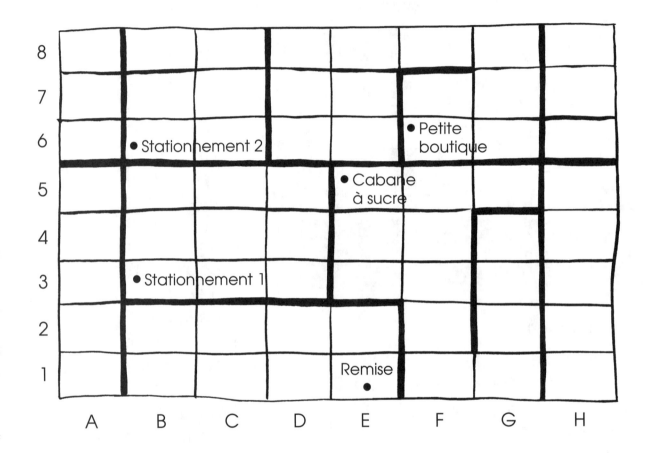

1. Dans quelle zone trouve-t-on la cabane à sucre ? _____

2. Dans quelle zone trouve-t-on la remise ? _____

3. Dans quelle zone trouve-t-on la petite boutique ? _____

4. C'est dans la zone (D,7) qu'on mange la tire sur la neige.
   Colorie cette zone en bleu.

5. Dans la zone (H,3), on peut goûter à l'eau d'érable.
   Colorie cette zone en jaune.

Géométrie

210

Des papillons magiques

Inscris les nombres qui manquent dans les ailes des papillons.
Le total des quatre nombres est inscrit dans le corps du papillon.

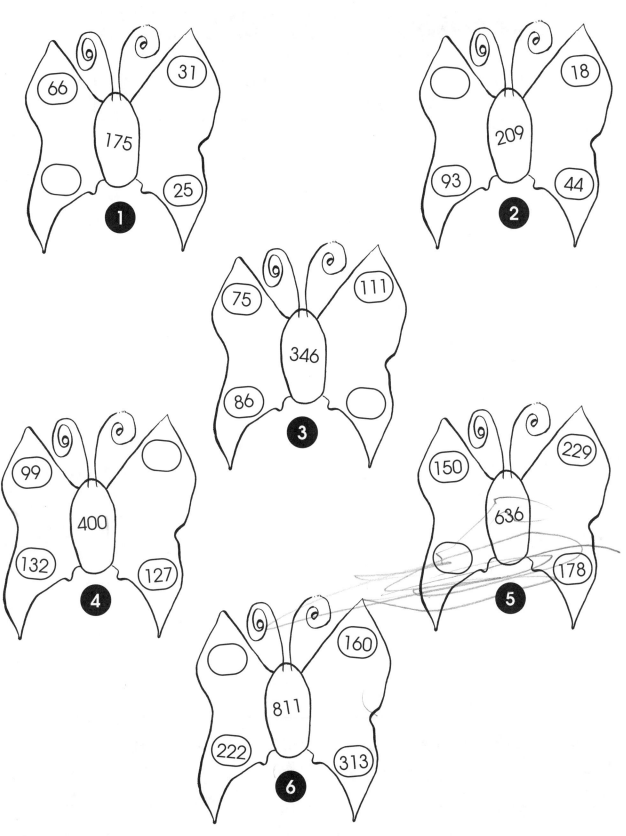

Nombres naturels

Un dessin tout en couleurs

Voici le dessin de la cabane à sucre que Super Zapp a visitée.

Colorie-le selon le code de couleurs suivant.

Code de couleurs	
Brun = multiples de 5	Gris = multiples de 8
Jaune = multiples de 6	Blanc = multiples de 9
Rouge = multiples de 7	

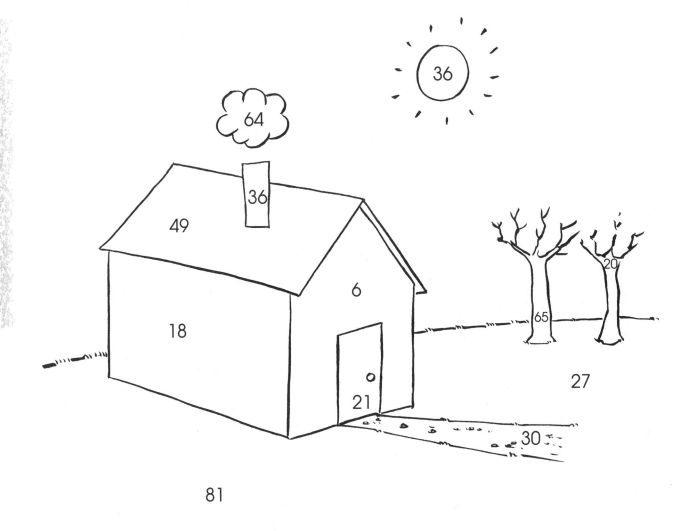

Super Zapp t'a joué un tour en mettant les nombres dans ce dessin. Lequel?

_____

Une omelette de figures

Regarde attentivement les figures ci-dessous.

Réponds ensuite aux questions de la page suivante.

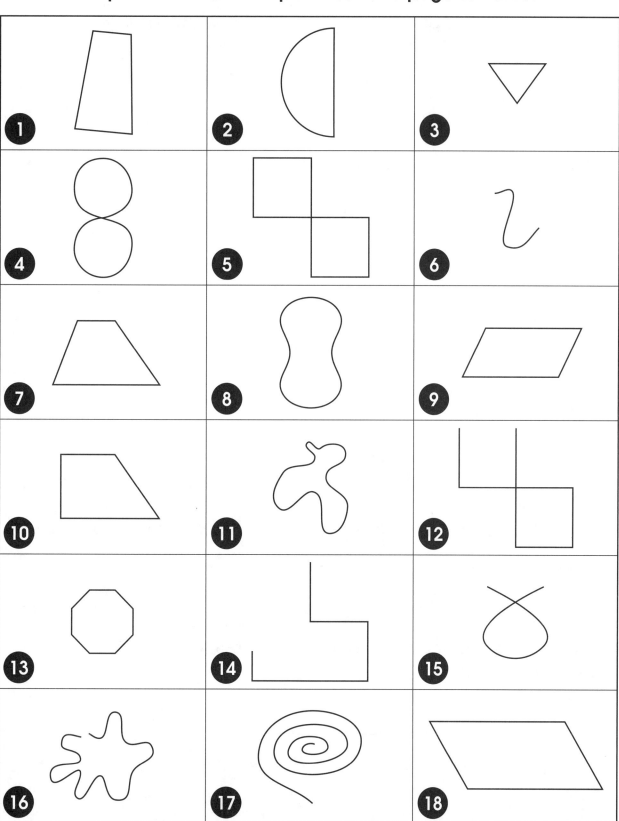

Une omelette de figures *(suite)*

1. Place les numéros des figures de la page précédente au bon endroit.

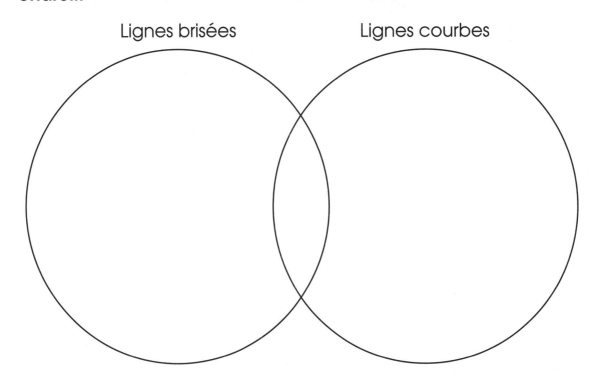

Lignes brisées   Lignes courbes

2. Trouve tous les quadrilatères.

_____

_____

3. Trouve toutes les figures qui ont au moins deux segments parallèles.

_____

_____

4. Trouve toutes les figures qui ont au moins deux segments perpendiculaires.

_____

_____

Géométrie

Des schémas triangulaires

Trace des triangles de grandeurs ou de formes différentes.

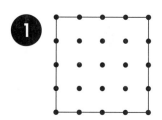

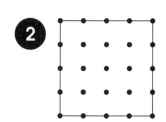

http://webcec.ca/y29/

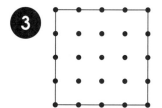

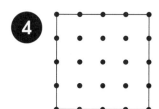

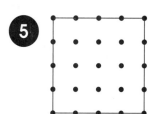

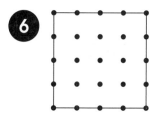

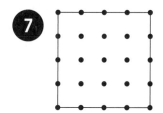

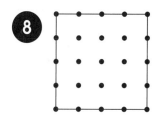

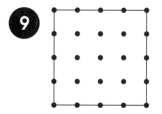

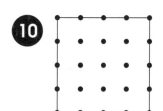

Géométrie

Les sosies à l'œuvre !

Trouve un objet qui a la même forme que chacun des solides ci-dessous.

_____

_____

_____

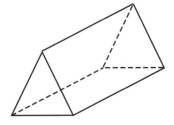

_____

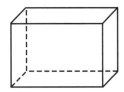

_____

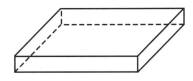

_____

216

Un tout petit jardin

Super Zapp profite de l'arrivée du printemps pour semer des fleurs. Comme il a peu d'espace, il ne peut pas semer des rangs entiers de chaque sorte de fleur. Aide-le à diviser ses rangs.

Dans chaque rang, colorie la fraction indiquée.
Ensuite, place le bon signe dans le cercle.

http://webcec.ca/d82/

< > =

a) $\dfrac{1}{4}$ ☐ $\dfrac{1}{4}$ ◯ $\dfrac{1}{2}$

b) $\dfrac{1}{3}$ ☐ $\dfrac{1}{3}$ ◯ 0

c) $\dfrac{6}{8}$ ☐ $\dfrac{6}{8}$ ◯ $\dfrac{1}{2}$

d) $\dfrac{2}{3}$ ☐ $\dfrac{2}{3}$ ◯ 1

e) $\dfrac{1}{5}$ ☐ $\dfrac{1}{5}$ ◯ 0

f) $\dfrac{3}{5}$ ☐ $\dfrac{3}{5}$ ◯ $\dfrac{1}{2}$

g) $\dfrac{2}{4}$ ☐ $\dfrac{2}{4}$ ◯ $\dfrac{1}{2}$

Fractions

Une brise printanière

Super Zapp a préparé un joli dessin.

Pour le trouver, colorie les sections dans lesquelles il y a un quadrilatère.

http://webcec.ca/y29/

Qu'as-tu colorié ?

_____

Des tailles variées

http://webcec.ca/c34/

1. Écris en millimètres, en centimètres, en décimètres et en mètres la taille de cinq de tes amis.

Prénom	Taille (mm)	Taille (cm)	Taille (dm)	Taille (m)

2. Complète le tableau des équivalences ci-dessous.

Mètres	Décimètres	Centimètres
	80	
		200
		700
9		
	30	
		600
4		
	10	

Quel courant d'«aire»!

1. Trouve l'aire de chacune des figures suivantes.

 = 1 carré-unité

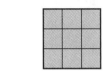

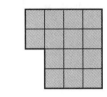

a) ____ carrés-unités   b) ____ carrés-unités   c) ____ carrés-unités

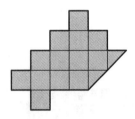

d) ____ carrés-unités   e) ____ carrés-unités   f) ____ carrés-unités

2. En te servant du même carré-unité, indique le nombre de carrés-unités que chacune des figures ci-dessous peut contenir.

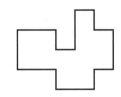

a) ____ carrés-unités   b) ____ carrés-unités   c) ____ carrés-unités

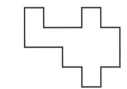

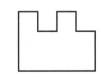

d) ____ carrés-unités   e) ____ carrés-unités   f) ____ carrés-unités

Mesure

Des estimations en justesse

Encercle l'estimation la plus juste de la mesure réelle de ces objets.

http://webcec.ca/c34/

1

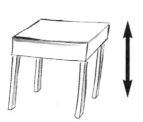

100 cm   100 dm   100 m

2

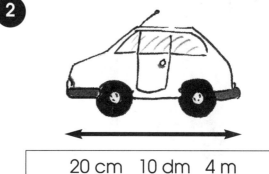

20 cm   10 dm   4 m

3

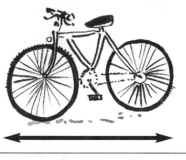

50 cm   15 dm   5 m

4

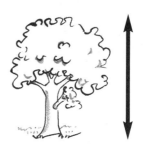

3 dm   3 m   3 km

5

10 cm   10 dm   10 m

6

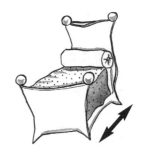

100 cm   18 dm   1 m

Spécial de fin d'année!

Un sondage bien utile

Cette année, Super Zapp est chargé du spectacle de fin d'année.
Il a effectué un sondage pour connaître les préférences
des élèves pour le spectacle de fin d'année.

Voici les résultats du sondage.

Préférences pour le spectacle de fin d'année

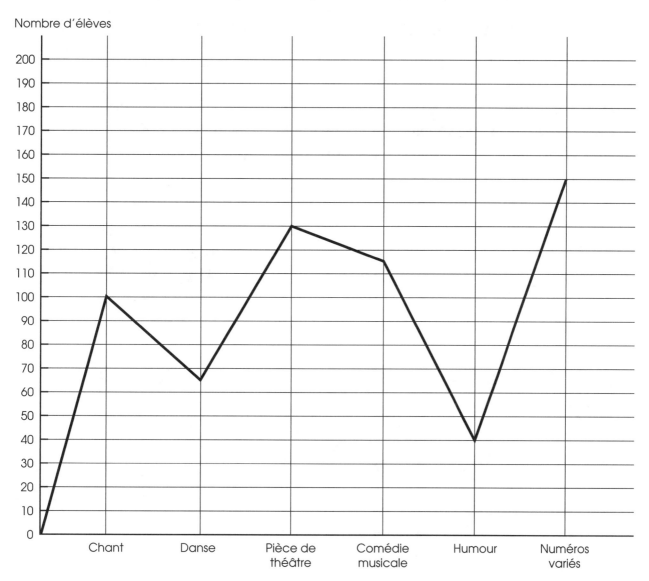

Nombre d'élèves

Chant   Danse   Pièce de théâtre   Comédie musicale   Humour   Numéros variés

1. Combien d'élèves ont répondu dans chaque catégorie?

a) Chant : _____

b) Danse : _____

c) Pièce de théâtre : _____

d) Comédie musicale : _____

e) Humour : _____

f) Numéros variés : _____

Un sondage bien utile *(suite)*

2. Classe les catégories de la plus populaire à la moins populaire.

_____

3. Combien d'élèves de plus ont choisi le chant plutôt que la danse ?

_____

4. Quelles sont les deux catégories qui ont obtenu 90 votes

de différence ? _____

5. Afin de savoir le genre de spectacle qui sera choisi à la fin
de l'année, trouve le produit des multiplications suivantes.
Utilise ensuite le code secret pour découvrir la réponse.

a) $6 \times 8 =$ _____   h) $2 \times 4 =$ _____

b) $5 \times 4 =$ _____   i) $5 \times 5 =$ _____

c) $9 \times 2 =$ _____   j) $4 \times 9 =$ _____

d) $2 \times 8 =$ _____   k) $7 \times 3 =$ _____

e) $6 \times 6 =$ _____   l) $4 \times 4 =$ _____

f) $5 \times 6 =$ _____   m) $6 \times 2 =$ _____

g) $4 \times 3 =$ _____

Code secret			
a = 25	h = 10	o = 30	u = 20
b = 32	i = 21	p = 64	v = 8
c = 15	j = 42	q = 45	w = 35
d = 24	k = 14	r = 36	x = 40
e = 16	l = 28	s = 12	y = 63
f = 49	m = 18	t = 6	z = 81
g = 56	n = 48		

Réponse : _____

Statistique

Des billets pas ordinaires

http://webcec.ca/j39/

1. Super Zapp doit remettre en ordre les numéros des billets pour le spectacle de fin d'année.

   Écris les nombres suivants sur les billets que Super Zapp a placés sur la droite numérique :
   24, 75, 12, 95 et 50.

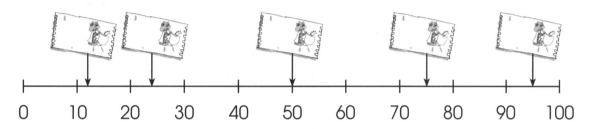

2. Refais le même exercice. Cette fois, écris les nombres **625, 150, 300, 975, 500 et 850.**

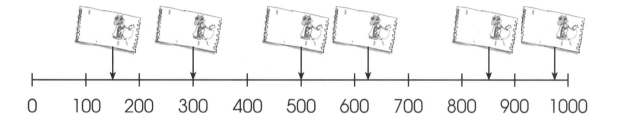

3. À ton tour maintenant !

   Inscris les nombres suivants sur les billets. Ensuite, à l'aide d'une flèche, indique à quel endroit chaque billet doit être placé sur la droite numérique : **400, 250, 575, 950, 700 et 100.**

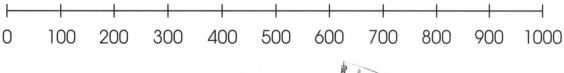

Nombres naturels

Des multiplications spectaculaires

Écris les équations et les réponses.

1 Trois équipes travaillent aux décors d'un spectacle. Chaque équipe est composée de cinq personnes. Combien de personnes travaillent aux décors ?

_____

2 Dans la première partie du spectacle, neuf numéros seront présentés. Si chaque numéro dure quatre minutes, combien de temps durera la première partie ?

_____

3 Le professeur de théâtre a besoin de six élèves par classe pour la pièce de théâtre. Si neuf classes participent, combien d'élèves feront partie de la pièce de théâtre ?

_____

4 Il y a trois classes de 3e année à l'école de Super Zapp. Si sept élèves de chaque classe préparent un numéro de chant, combien d'élèves chanteront ?

_____

5 Il manque des chaises dans la salle de spectacle. Huit élèves apportent chacun sept chaises. Combien de chaises manquait-il ?

_____

6 Deux équipes travaillent aux costumes. Chaque équipe est composée de deux garçons et de deux filles. Combien de personnes travaillent aux costumes ?

_____

7 Il y a deux classes de 2e année à l'école de Super Zapp. Si quatre élèves de chaque classe préparent un numéro de danse, combien d'élèves danseront ?

_____

8 Les billets pour le spectacle coûtent 5 $ chacun. On demande à chaque élève de vendre au moins sept billets. Combien d'argent chaque élève devra-t-il rapporter à l'école ?

_____

Les vedettes de la soirée

Fais les calculs et découvre les prénoms des six vedettes du spectacle de fin d'année. Aide-toi du code secret.

Code secret

A = 413	E = 631	L = 801	N = 130	T = 548
C = 219	I = 377	M = 956	R = 798	Y = 333

Lettres

1
703 + 253 =
613 − 200 =
386 + 412 =
279 + 98 =
940 − 309 =

Lettres

2
400 + 556 =
800 − 387 =
459 + 339 =
604 − 56 =
900 − 523 =
70 + 60 =

Lettres

3
119 + 100 =
700 − 287 =
243 + 555 =
1000 − 199 =
430 − 53 =
289 + 342 =

Lettres

4
388 + 410 =
111 + 222 =
600 − 187 =
220 − 90 =

Lettres

5
654 − 106 =
279 + 98 =
21 + 109 =
888 − 475 =

Lettres

6
351 + 447 =
700 − 69 =
611 + 345 =
666 − 289 =

Nombres naturels

Une belle activité d'été

Relie les nombres par bonds de 4 et tu découvriras
ce que Super Zapp adore faire pendant les vacances d'été.

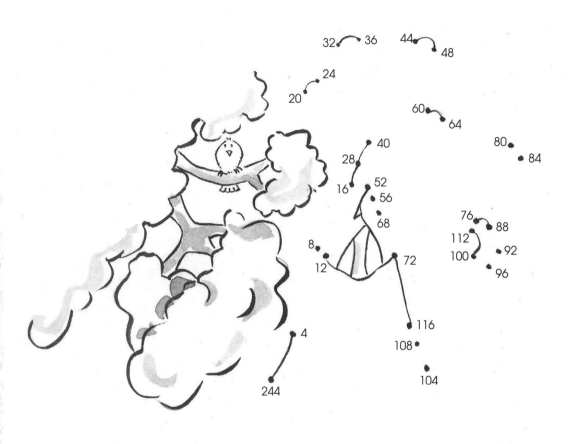

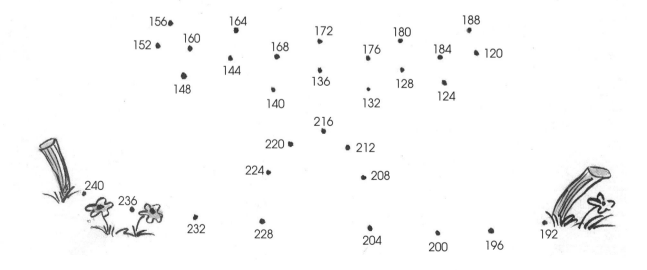

Devinettes ensoleillées

1 Super Zapp a planté 6 plants de tomates. Chaque plant contient 7 fleurs. Combien de tomates aura-t-il à la fin de l'été ?

Réponse : _____

2 Un plant de concombres coûte 4 $. Combien coûtent 9 plants de concombres ?

Réponse : _____

3 Super Zapp a acheté des roses et des bégonias pour son jardin. Sa facture s'élève à 96 $. S'il a payé 51 $ pour les roses, quel montant a-t-il payé pour les bégonias ?

Réponse : _____

4 Super Zapp a payé 35 $ pour 7 plants de concombres. Combien de dollars chaque plant de concombres coûte-t-il ?

Réponse : _____

5 Super Zapp achète 3 boîtes de fleurs au prix de 3 $ chacune et 4 plants de tomates au prix de 6 $ chacun. Quel montant devra-t-il débourser ?

Réponse : _____

6 Super Zapp a 50 $ pour acheter des boîtes de fleurs. Si une boîte de fleurs coûte 5 $, combien de boîtes Super Zapp pourra-t-il acheter ?

Réponse : _____

Nombres naturels

Un peu d'exercice !

**Super Zapp veut devenir un athlète des soustractions.
Aide-le à s'entraîner.**

http://webcec.ca/y48/

1. Effectue les soustractions suivantes... avec un emprunt.

a) $\begin{array}{r} 329 \\ -162 \\ \hline \end{array}$

b) $\begin{array}{r} 591 \\ -222 \\ \hline \end{array}$

c) $\begin{array}{r} 998 \\ -599 \\ \hline \end{array}$

d) $\begin{array}{r} 727 \\ -441 \\ \hline \end{array}$

e) $\begin{array}{r} 168 \\ -\ 90 \\ \hline \end{array}$

f) $\begin{array}{r} 852 \\ -735 \\ \hline \end{array}$

g) $\begin{array}{r} 264 \\ -\ 75 \\ \hline \end{array}$

h) $\begin{array}{r} 616 \\ -307 \\ \hline \end{array}$

2. Effectue les soustractions suivantes... avec deux emprunts.

a) $\begin{array}{r} 515 \\ -168 \\ \hline \end{array}$

b) $\begin{array}{r} 934 \\ -855 \\ \hline \end{array}$

c) $\begin{array}{r} 177 \\ -\ 99 \\ \hline \end{array}$

d) $\begin{array}{r} 428 \\ -239 \\ \hline \end{array}$

e) $\begin{array}{r} 611 \\ -\ 77 \\ \hline \end{array}$

f) $\begin{array}{r} 203 \\ -144 \\ \hline \end{array}$

g) $\begin{array}{r} 733 \\ -556 \\ \hline \end{array}$

h) $\begin{array}{r} 857 \\ -768 \\ \hline \end{array}$

Un voyage excitant!

À l'école de Super Zapp, on planifie un superbe voyage
de fin d'année.

Utilise le tableau des distances pour répondre aux questions suivantes.

Distances en kilomètres

	Montréal	Trois-Rivières	Québec	Sherbrooke	Chicoutimi	Gaspé
Montréal		142	253	147	464	930
Trois-Rivières	142		135	158	367	831
Québec	253	135		240	211	700
Sherbrooke	147	158	240		451	915
Chicoutimi	464	367	211	451		649
Gaspé	930	831	700	915	649	

1. Quelle distance sépare…

a) Montréal de Sherbrooke ? _____

b) Chicoutimi de Gaspé ? _____

c) Québec de Trois-Rivières ? _____

d) Montréal de Québec ? _____

e) Trois-Rivières de Gaspé ? _____

f) Québec de Sherbrooke ? _____

g) Gaspé de Montréal ? _____

Statistique

Un voyage excitant! (suite)

2. a) Quelles sont les deux villes les plus proches l'une de l'autre?

_____

b) Combien de kilomètres les séparent? _____

3. a) Quelles sont les deux villes les plus éloignées l'une de l'autre?

_____

b) Combien de kilomètres les séparent? _____

4. Un autobus part de Montréal et roule jusqu'à Sherbrooke. Il s'arrête un peu et reprend sa route vers Québec.

Combien de kilomètres a-t-il parcourus? _____

5. Quelle route est la plus longue des deux? Encercle la bonne lettre.

a) De Québec à Gaspé, de Gaspé à Trois-Rivières, puis de Trois-Rivières à Chicoutimi.

b) De Sherbrooke à Chicoutimi, de Chicoutimi à Montréal, puis de Montréal à Gaspé.

6. Combien d'heures environ faut-il pour parcourir les distances suivantes en voiture à une vitesse d'à peu près 100 km/h? Encercle la bonne durée.

a) De Québec à Gaspé:	3 h	7 h	15 h
b) De Montréal à Chicoutimi:	2 h 30	4 h 30	6 h 30
c) De Sherbrooke à Montréal:	1 h 30	5 h 30	11 h 30
d) De Chicoutimi à Québec:	1 h	2 h	3 h

Statistique

Un long voyage

Pour passer le temps en autobus, Super Zapp et ses amis préparent des jeux sur les fractions. Amuse-toi avec le jeu ci-dessous.

Replace chaque fraction dans la bonne phrase. Tu peux utiliser la même fraction plus d'une fois.

a) Une journée dure _____ d'une semaine.

b) Un mois dure _____ d'une année.

c) Une saison dure _____ d'une année.

d) Une heure dure _____ d'une journée.

e) Une minute dure _____ d'une heure.

f) Une semaine dure environ _____ d'un mois.

g) Une année scolaire dure environ _____ d'une année.

h) Une seconde dure _____ d'une minute.

$$\frac{1}{24} \qquad \frac{1}{7} \qquad \frac{1}{60}$$

$$\frac{1}{4} \qquad \frac{1}{12} \qquad \frac{10}{12}$$

Fractions

Un week-end relaxant

Toute la semaine, Super Zapp a travaillé fort. Afin qu'il puisse se reposer, ses parents lui proposent une balade en voiture.

Ils ont le choix entre trois itinéraires.

A Montréal → Saint-Eustache → Saint-Sauveur

B Montréal → Blainville → Saint-Sauveur

C Montréal → Terrebonne → Blainville → Saint-Sauveur

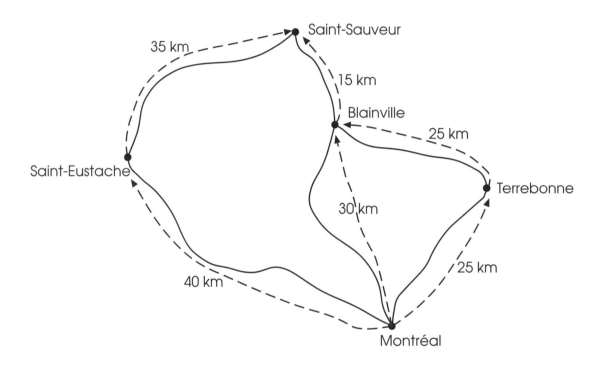

1. **Quel itinéraire est le plus court ?** _____

2. **Quel itinéraire est le plus long ?** _____

3. **Quel est l'itinéraire le plus rapide pour se rendre de Saint-Eustache à Terrebonne ?**

    _____

4. **Quel est l'itinéraire le plus long pour se rendre de Blainville à Saint-Eustache ?**

    _____

234

Des solides recherchés

Super Zapp travaille fort. Il étudie les solides.
Regarde attentivement les solides ci-dessous
et compte leurs faces, leurs arêtes et leurs sommets.

http://webcec.ca/p38/

1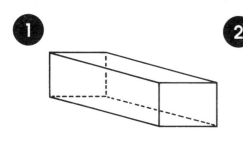

___ faces

___ arêtes

___ sommets

2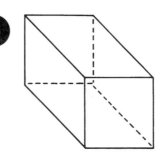

___ faces

___ arêtes

___ sommets

3

___ faces

___ arêtes

___ sommets

4

___ faces

___ arêtes

___ sommets

5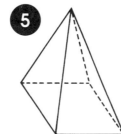

___ faces

___ arêtes

___ sommets

6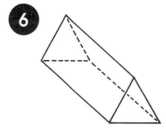

___ faces

___ arêtes

___ sommets

7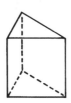

___ faces

___ arêtes

___ sommets

8

___ faces

___ arêtes

___ sommets

9

___ faces

___ arêtes

___ sommets

Géométrie

Des solides recherchés
(suite)

 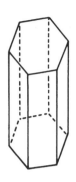

___ faces

___ arêtes

___ sommets

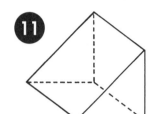

___ faces

___ arêtes

___ sommets

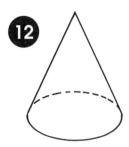

___ faces

___ arêtes

___ sommets

 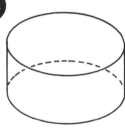

___ faces

___ arêtes

___ sommets

 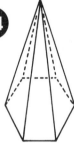

___ faces

___ arêtes

___ sommets

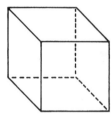

___ faces

___ arêtes

___ sommets

Surfaces planes seulement	Surfaces courbes
Prismes rectangulaires :	Cône :
Prismes triangulaires :	Cylindres :
Pyramides :	Sphère :
Autres :	Autres :

Des décors solides

Super Zapp prépare différents solides pour les décors d'un spectacle.
Aide-le en associant chaque solide au développement correspondant.

http://webcec.ca/p38/

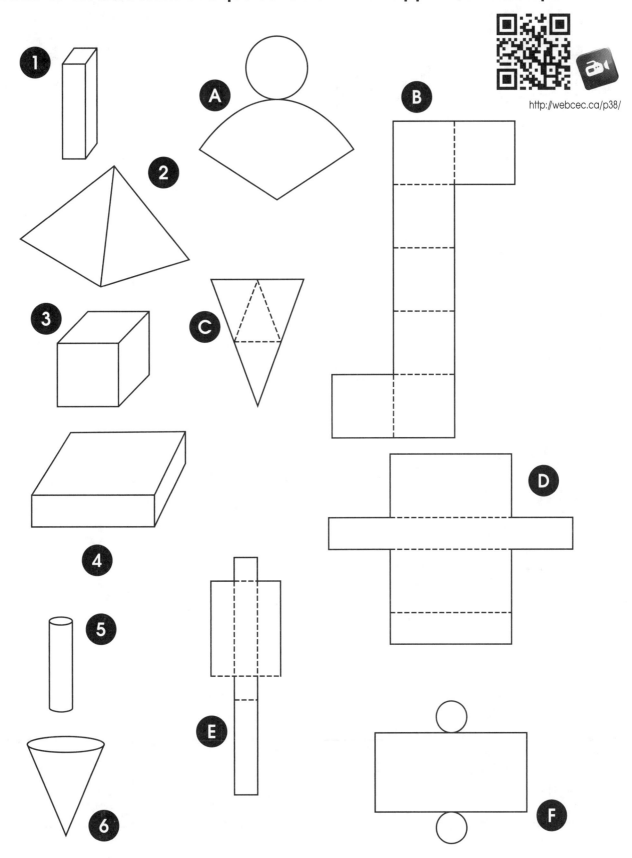

L'«aire» de rien...

Dans chaque paire, encercle la figure ayant la plus grande aire.

http://webcec.ca/m94/

1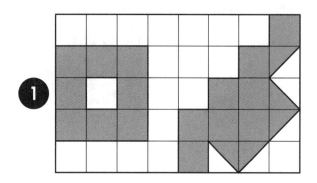

2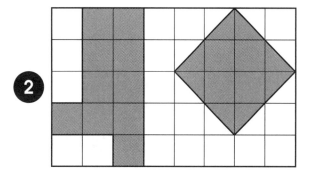

3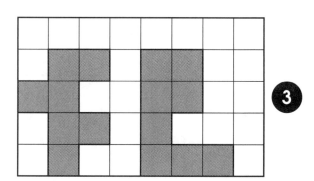

4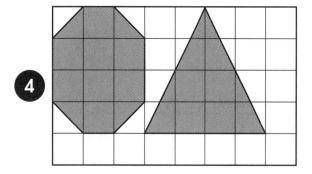

5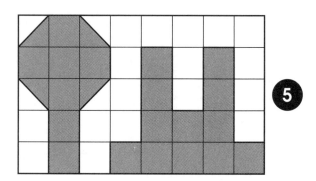

6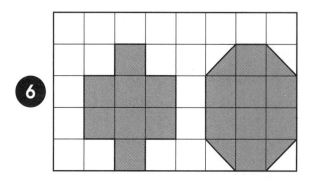

7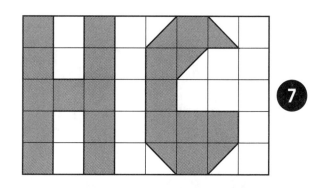

Mesure

Un jeu constructif

Super Zapp a fabriqué différentes constructions avec les cubes
qu'il a reçus pour son anniversaire.

Indique le nombre de cubes contenus dans chaque construction.

http://webcec.ca/m94/

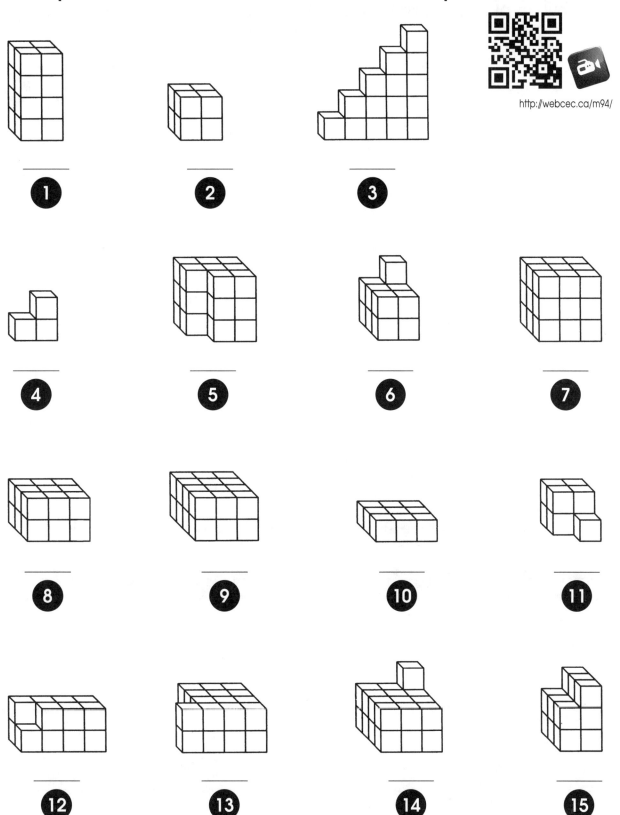

1

2

3

4

5

6

7

8

9

10

11

12

13

14

15

Mesure

239

Les olympiades de fin d'année

À l'école de Super Zapp, on prépare les olympiades de fin d'année.

Voici le plan de la piste d'athlétisme. Sur ce plan, 1 cm équivaut à 10 m en réalité.

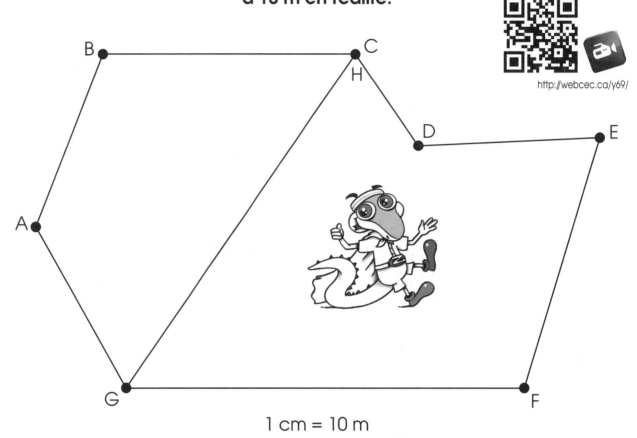

1 cm = 10 m

Mesure chaque segment de la piste et reporte tes mesures dans le tableau ci-dessous.

Segment	AB	BC	CD	DE	EF	FG	GH
Mesure sur le plan (en cm)							
Mesure réelle (en m)							

Mesure

Des frises pour tous les goûts

Les élèves de la classe de Super Zapp ont décidé
de décorer les murs de l'école pour le spectacle de fin d'année.
Ils veulent afficher des banderoles agrémentées de frises
ayant un ou plusieurs axes de réflexion.

Ils ont commencé les modèles suivants.
Complète les frises.

http://webcec.ca/h29/

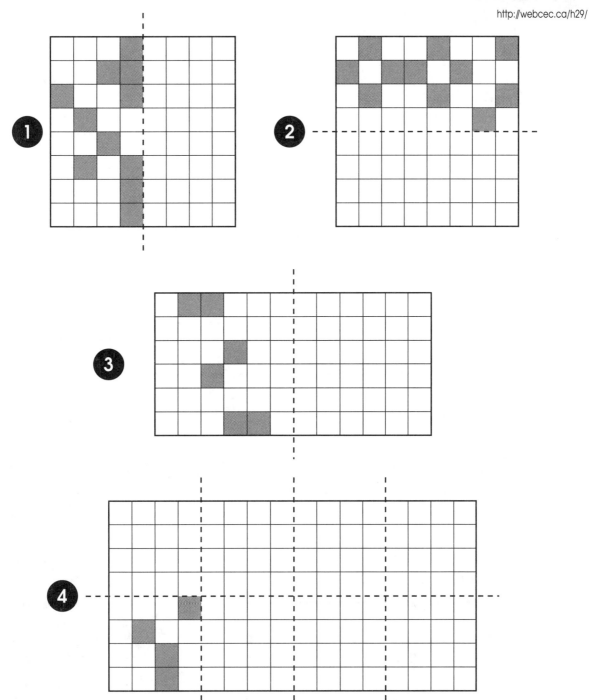

Géométrie

À vos calculatrices!

Karina, l'amie de Super Zapp, lui a préparé un jeu bien curieux.

Utilise la calculatrice ou l'ordinateur pour résoudre les équations suivantes. Les résultats te surprendront sans doute aussi...

1 x 8 + 1 =

12 x 8 + 2 =

123 x 8 + 3 =

1 234 x 8 + 4 =

12 345 x 8 + 5 =

123 456 x 8 + 6 =

1 234 567 x 8 + 7 =

12 345 678 x 8 + 8 =

123 456 789 x 8 + 9 =

Il faudra sans doute utiliser un ordinateur pour la dernière équation, car l'écran de ta calculatrice est peut-être trop petit pour écrire tous les chiffres.

Tout un été pour s'amuser !

Une journée pluvieuse

Comme il pleut aujourd'hui, Super Zapp s'amuse à un jeu de codes.
Aide-le à trouver les résultats des opérations
en tenant compte du code suivant.

Les chiffres 1 à 9 sont codés en lettres :

A	= 0	F	= 1
B	= 2	G	= 3
C	= 4	H	= 5
D	= 6	I	= 7
E	= 8	J	= 9

Exemple : H + G = ☐

$5 + 3 =$ 8

1 I − H = ☐

2 F + ☐ = J

3 ☐ − B = D

4 B × ☐ = E

5 A × H = ☐

6 D + G = ☐

7 J − F + A = ☐

8 C × I = ☐

9 C + H − A = ☐

10 E + G = ☐

11 G × ☐ = 9

12 I − C + ☐ = E

13 (D × H) − B = ☐

14 J − A = ☐

15 F × B × ☐ = E

16 (E × ☐) − J = I

17 B + D − C = ☐

18 I × J = ☐

19 G + ☐ − H = I

20 (J × D) − F = ☐

Réfléchissons un peu...

Résous les problèmes suivants.

1. Super Zapp revient de l'épicerie. Il a acheté des raisins à 2 $, un poulet à 9 $ et un sac de pommes à 3 $. Avant de partir, il avait un billet de 20 $ dans son porte-monnaie.

   a) Combien d'argent a-t-il dépensé ?

   _____

   b) Combien d'argent lui reste-t-il ?

   _____

2. Super Zapp a compté le nombre total des entrées au zoo pour la journée d'hier. Il a enregistré 54 entrées au tarif régulier (9 $) et 18 entrées au tarif réduit (7 $).

   a) Quel est le nombre total d'entrées achetées ?

   _____

   b) Quelle est la somme rapportée par les entrées au tarif réduit ?

   _____

3. Le père de Super Zapp a vendu sa moto 1 000 $. Il a utilisé cette somme d'argent pour faire des rénovations dans le salon. Il a consacré 576 $ au recouvrement du plancher, 85 $ à la peinture et 215 $ à la décoration.

   a) Quel est le montant total des rénovations ?

   _____

   b) Combien lui restera-t-il d'argent de la vente de sa moto après avoir payé les rénovations ?

   _____

Un labyrinthe mystère

Trouve le chemin que Super Zapp a emprunté
pour se rendre de la lettre « b » à la lettre « e ».
Note toutes les lettres que tu rencontreras sur ton chemin.
Remets ensuite les lettres dans le bon ordre
et tu découvriras un mot caché.

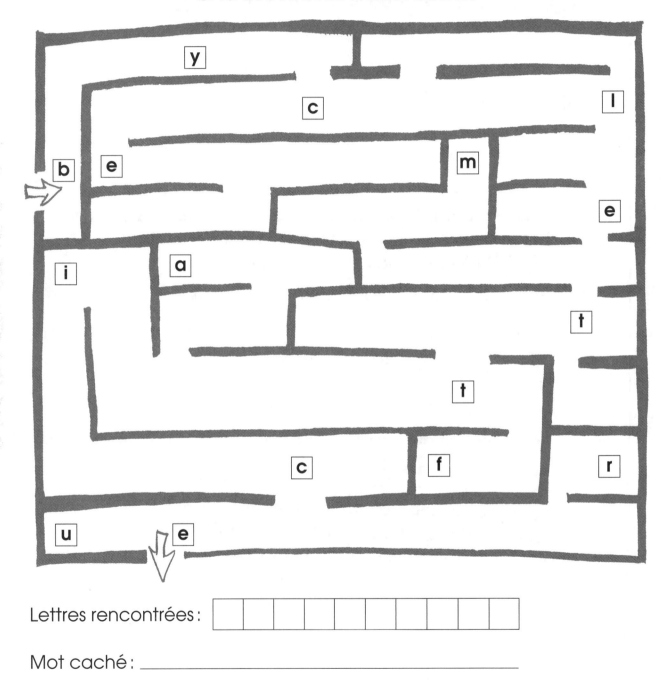

Lettres rencontrées :

Mot caché : _____

Croisons les mathématiques

Trouve les réponses aux définitions parmi les mots ci-dessous et remplis les cases des mots croisés.

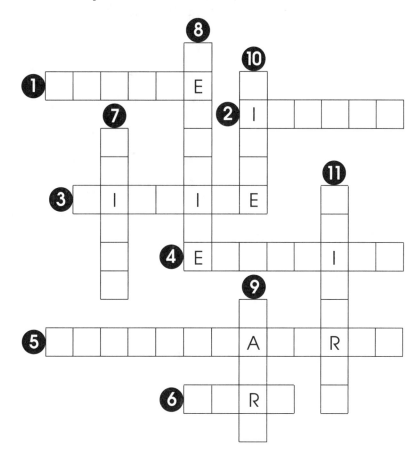

1. Espace occupé par un objet à 3 dimensions.

2. Je suis le contraire d'un nombre pair.

3. Je suis formée de 10 unités.

4. Énoncé mathématique.

5. Figures à 4 côtés.

6. Surface d'une figure plane.

7. Il y en a 10 dans une dizaine.

8. Je suis formée de 100 unités.

9. Nous sommes l'ensemble des nombres naturels qui sont des multiples de 2.

10. Je suis le nombre formé de 100 dizaines.

11. Nous sommes à la base des mathématiques : 0, 1, 2, 3, 4, 5, 6, 7, 8 et 9.

chiffres
nombres
équation
aire
pairs
calcul
volume
centaine
dizaine
unités
mille
quadrilatères
impair
pentagones

Des mobiles estivaux

Super Zapp a fabriqué des mobiles estivaux.
Écris les nombres manquants pour équilibrer les mobiles,
comme dans l'exemple.

Nombres naturels

Vive le vélo!

Cette semaine, Super Zapp et son ami ont tous les deux fait
du vélo avec leurs parents. Chaque jour, ils ont noté
combien de kilomètres ils ont parcourus.

1. À l'aide du graphique qu'a fait Super Zapp, écris dans le tableau
combien de kilomètres il a parcourus chaque jour.

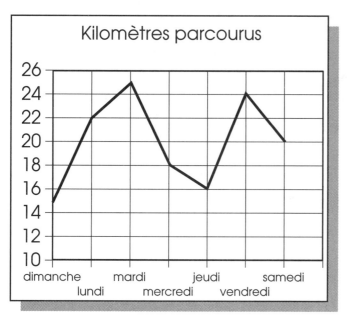

Kilomètres parcourus

dimanche	
lundi	
mardi	
mercredi	
jeudi	
vendredi	
samedi	

2. Voici les distances qu'a parcourues l'ami de Super Zapp.
Illustre-les dans un graphique comme celui qu'a fait Super Zapp.

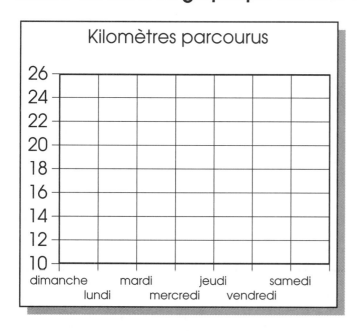

Kilomètres parcourus

dimanche	18
lundi	20
mardi	16
mercredi	21
jeudi	15
vendredi	17
samedi	24

Une lettre pour mamie

Super Zapp veut écrire une lettre à sa grand-mère,
mais il a oublié son adresse. Il se souvient que son adresse
compte 3 chiffres et que ces chiffres sont 2, 5 et 7,
mais il a oublié dans quel ordre ils vont...
Aide-le à trouver toutes les combinaisons possibles.

Mamie Chérie
???, rue du Merveilleux
Superville (Québec) HIH IHI

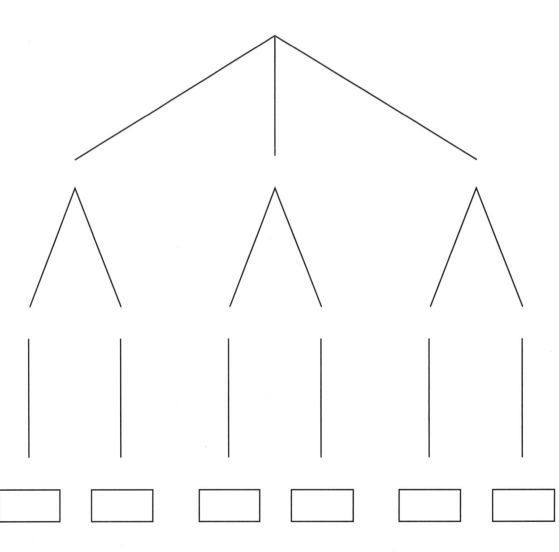

Un menu savoureux

Super Zapp et ses parents profitent de leurs vacances
pour aller souper au restaurant.
Voici la carte des plats offerts.

Entrées

Salade du chef	3 $
Nachos	4 $
Assiette de fromages	5 $
Soupe du jour	2 $

Plats principaux

Lasagne au four	10 $
Escalope de veau	13 $
Poitrine de poulet grillée	12 $
Brochette de fruits de mer	16 $
Darne de saumon	14 $

Desserts

Gâteau au fromage	5 $
Tarte aux pommes	3 $
Salade de fruits	2 $
Crème caramel	4 $

Boissons

Lait	2 $
Jus	2 $
Boissons gazeuses	3 $
Thé, café, tisane	1 $

1. **Quel menu complet (entrée, plat principal, dessert et boisson) sera le plus cher ?**

   _____

2. **Quel menu complet sera le moins cher ?**

   _____

3. **Une cliente a 20 $. Sans jamais choisir deux fois le même plat, nomme trois menus complets différents qu'elle peut s'offrir avec cette somme d'argent.**

   Menu 1 : _____

   Menu 2 : _____

   Menu 3 : _____

   _____

Mystérieuses soustractions

Effectue d'abord les soustractions ci-dessous.
Biffe ensuite chacune de tes réponses et la lettre correspondante.
Les lettres restantes formeront un mot mystère.

1. 877 – 626 = _____

2. 514 – 177 = _____

3. 915 – 206 = _____

4. 1 782 – 285 = _____

5. 387 – 25 = _____

6. 1 320 – 831 = _____

7. 637 – 91 = _____

8. 783 – 304 = _____

9. 434 – 289 = _____

10. 996 – 753 = _____

11. 1 147 – 491 = _____

12. 1 820 – 1 004 = _____

13. 2 432 – 1 010 = _____

14. 936 – 504 = _____

15. 3 209 – 915 = _____

479	J	1 497	T	489	P	251	D	362	L
2 294	V	1 422	B	656	E	432	H	300	O
337	A	546	N	155	M	71	P	145	V
797	E	243	Q	816	O	1 364	M	709	R

Le mot mystère est mon fruit préféré :

_____

Nombres naturels

Les multiplications en folie

Regarde attentivement le tableau suivant.

X	1	2	3	4	5	6	7	8	9
1							V =		
2			♥ = 6						U =
3							I =		
4	É =				I =		T =		
5			O =				O =		
6						I =			
7		Q =		A =					E =
8			T =						
9					L =		N =		

1. Chaque fois qu'une lettre apparaît, écris le produit correspondant. Par exemple, le ♥ est dans la colonne 3 et dans la rangée 2 ; 3 x 2 = 6.

2. a) Parmi tous les produits que tu as trouvés dans l'exercice précédent, repère tous les nombres impairs, puis place-les en ordre croissant.

   _____

   b) Associe les lettres de l'exercice 1 aux nombres mis en ordre croissant. Tu trouveras un des deux sports que Super Zapp compte pratiquer cet été.

   _____

   c) Refais la même chose avec les nombres pairs pour trouver le deuxième sport que Super Zapp a bien hâte de faire.

   _____

Tout un dégât !

Par mégarde, Super Zapp a renversé de l'eau sur sa feuille
et des chiffres ont été effacés. Trouve les chiffres manquants.

http://webcec.ca/t73/

http://webcec.ca/y48/

1
```
    4 5 3
  +   6 8
  ───────
    5 □ 1
```

2
```
    8 0 1
  - 1 3 1
  ───────
  □ 7 0
```

3
```
    4 3 7
  -   2 9
  ───────
    4 □ 8
```

4
```
    2 0 6
  + □ 3 6
  ───────
    3 4 2
```

5
```
    8 9 6
  -   4 6
  ───────
    8 □ 0
```

6
```
    5 7 □
  +   2 4
  ───────
    6 0 0
```

7
```
    7 5 7
  - 1 □ 2
  ───────
    5 8 5
```

8
```
    4 8 1
  + 1 9 5
  ───────
    6 □ 6
```

9
```
    7 4 0
  -   3 6
  ───────
    7 0 □
```

10
```
    □ 7 1
  + 1 3 9
  ───────
    4 1 0
```

11
```
    □ 4 4
  - 5 5 5
  ───────
    2 8 9
```

12
```
    2 6 9
  + 1 □ 3
  ───────
    3 9 2
```

13
```
    5 5 0
  - 2 7 □
  ───────
    □ 7 5
  + 1 2 □
  ───────
    3 □ 8
```

14
```
    2 □ 2
  + 2 6 2
  ───────
    □ 2 4
  - 1 3 9
  ───────
    3 □ □
```

La marelle mathématique

Pour s'occuper pendant les vacances, Super Zapp a inventé un jeu de marelle mathématique et il a besoin de ton aide pour jouer.

1. Place-toi à la case de départ avec Super Zapp.

2. À partir du chiffre donné à la case de départ, effectue toutes les opérations indiquées dans chacune des cases.

3. Quel nombre obtiens-tu à l'arrivée ? _____

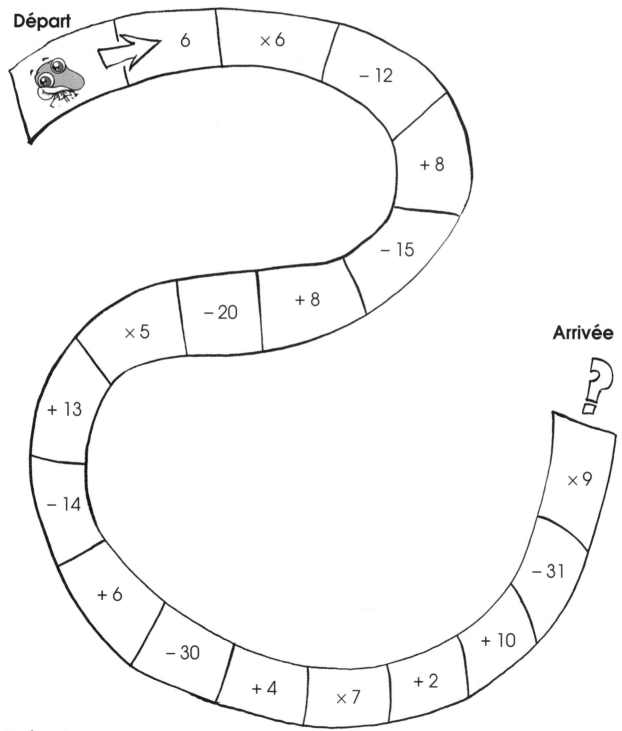

Départ

Arrivée

6 ×6 −12 +8 −15 +8 −20 ×5 +13 −14 +6 −30 +4 ×7 +2 +10 −31 ×9

Nombres naturels

Des golfeurs fatigués

Parmi les six golfeurs du haut, seulement quatre
ont complété leur parcours. Quels sont ceux
qui ont abandonné en cours de route ?

Réponse : _____

À la recherche des hauts sommets

Super Zapp a décidé de faire de la marche en montagne
avec son oncle pour profiter de l'été au maximum.

Voici les montagnes que lui et son oncle ont escaladées.

http://webcec.ca/n35/

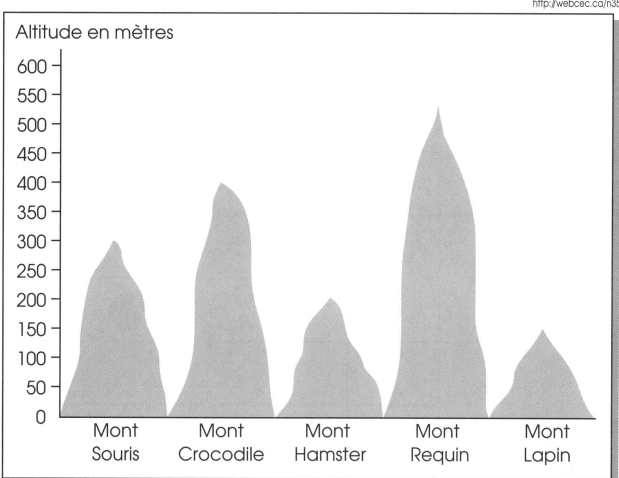

1. **Quel mont a la plus haute altitude ?** _____

2. **Quel mont a la plus basse altitude ?** _____

3. **Quelle est la différence d'altitude entre le mont Hamster et le
    mont Souris ?** _____

4. **Quelle est la différence d'altitude entre le mont Crocodile et
    le mont Lapin ?** _____

Statistique

Blanc ou noir?

**Super Zapp a inventé un nouveau jeu.
Il a trouvé un jeton avec un côté noir et un côté blanc.
Il lance son jeton trois fois de suite et note ses résultats.
Il veut obtenir le plus grand nombre possible
de combinaisons différentes.**

Complète le tableau suivant pour trouver toutes les combinaisons différentes que Super Zapp pourrait obtenir.

1er lancer	2e lancer	3e lancer	Combinaison
○	○	○	○ ○ ○
		●	
	●	○	
			○ ● ●
●	○	○	
			● ● ○
	●		

Probabilité

Une journée rafraîchissante

Regarde attentivement l'illustration suivante,
puis réponds aux questions ci-dessous.

1. Combien d'enfants sont dans le rectangle? _____

2. Combien d'enfants sont dans le triangle? _____

3. Combien d'enfants sont dans le carré? _____

4. À l'intersection de l'ovale et du triangle, trouve-t-on un garçon

   ou une fille? _____

5. Y a-t-il des enfants à l'extérieur des formes?

   Si oui, combien? _____

6. Quel objet trouve-t-on immédiatement à gauche du carré?

_____

Des cubes à profusion!

1. Trouve le nombre de cubes nécessaires pour construire chacun de ces solides.

a)

_____

b)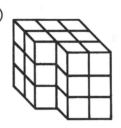

_____

c)

_____

d)

_____

e)

_____

f)

_____

g)

_____

h)

_____

2. Place les solides suivants en ordre décroissant selon le nombre de cubes utilisés pour les construire.

a)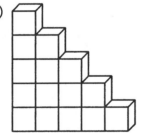

_____

b)

_____

c)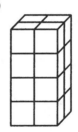

_____

d)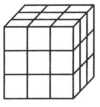

_____

e)

_____

f)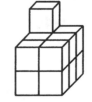

_____

Ordre décroissant : _____

Mesure

Des coordonnées de vacances

Super Zapp t'a envoyé des mots secrets.
À l'aide des coordonnées qui te sont fournies,
découvre les lettres formant les mots secrets.

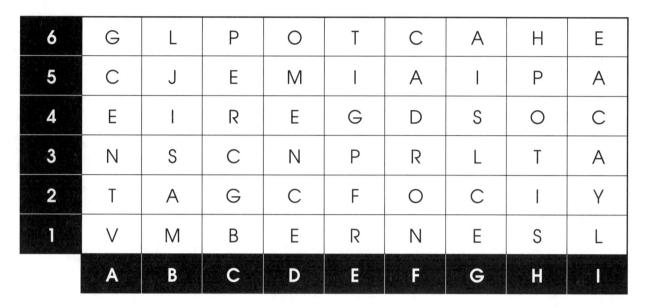

6	G	L	P	O	T	C	A	H	E
5	C	J	E	M	I	A	I	P	A
4	E	I	R	E	G	D	S	O	C
3	N	S	C	N	P	R	L	T	A
2	T	A	G	C	F	O	C	I	Y
1	V	M	B	E	R	N	E	S	L
	A	**B**	**C**	**D**	**E**	**F**	**G**	**H**	**I**

1. (G,4) (F,2) (B,6) (D,1) (G,5) (I,1)

_____

2. (C,6) (I,1) (F,5) (E,4) (I,6)

_____

3. (A,1) (F,5) (G,2) (B,2) (F,1) (F,6) (D,4) (B,3)

_____

4. (I,4) (B,2) (D,5) (E,3) (B,4) (A,3) (A,6)

_____

5. (D,6) (C,3) (G,1) (F,5) (D,3)

_____

6. (C,1) (E,5) (G,2) (I,2) (A,5) (G,3) (C,5) (A,2) (E,6) (A,4)

_____

Géométrie

Tout un spectacle!

Super Zapp et ses amis préparent une pièce de théâtre.
Ils travaillent actuellement à la conception de la scène et des décors.
Observe attentivement le plan suivant.

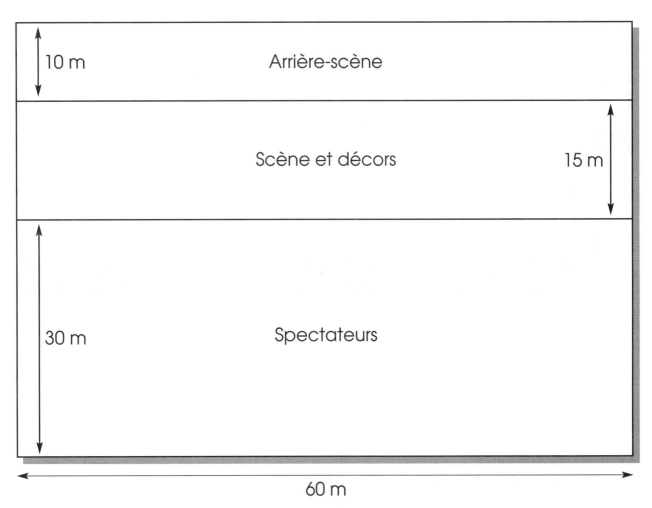

60 m

1. **Mesure le périmètre de l'arrière-scène.**

_____

2. **Mesure le périmètre de la scène et des décors.**

_____

3. **Mesure le périmètre de l'espace réservé aux spectateurs.**

_____

4. **Quel est le périmètre de la salle de spectacle (arrière-scène, scène et décors, et spectateurs)?**

_____

Estimons les mesures...

Encercle la bonne réponse.

1. Le siège d'une chaise est :

   a) à plus de 1 m de hauteur

   b) à environ 1 m de hauteur

   c) à moins de 1 m de hauteur

2. Une porte mesure :

   a) plus de 1 m

   b) environ 1 m

   c) moins de 1m

3. La longueur d'un terrain de tennis est :

   a) de plus de 1 km

   b) d'environ 1 km

   c) de moins de 1 km

4. En 5 minutes, un marcheur parcourt :

   a) plus de 1 km

   b) environ 1 km

   c) moins de 1 km

5. La largeur d'un four à micro-ondes est :

   a) de plus de 1 m

   b) d'environ 1 m

   c) de moins de 1 m

6. La longueur d'une brosse à cheveux est :

   a) de plus de 2 dm

   b) d'environ 2 dm

   c) de moins de 2 dm

7. L'épaisseur d'une calculatrice est :

   a) de plus de 1 cm

   b) d'environ 1 cm

   c) de moins de 1 cm

8. En 15 minutes, un coureur parcourt :

   a) plus de 1 km

   b) environ 1 km

   c) moins de 1 km

Mesure

Getting Started

Meet Mister Alpha

Mister Alpha's alphabet code

a - apple   g - girl   m - monkey   s - sun   y - yogurt
b - boy   h - hockey   n - nose   t - tulip   z - zipper
c - cake   i - ice cream   o - owl   u - unicorn
d - duck   j - juice   p - pencil   v - vacuum
e - egg   k - kite   q - queen   w - web
f - fish   l - lemon   r - rainbow   x - xylophone

Now we use the code. Write the words.

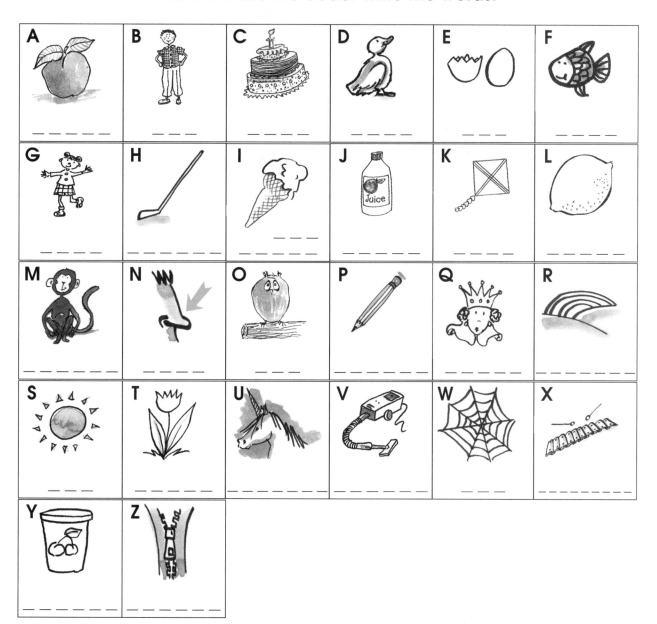

Vowels and consonants

In English, the vowels are:
A, E, I, O, U, Y

The consonants are: B, C, D, F,
G, H, J, K, L, M, N, P, Q, R,
S, T, V, W, X, Z

There is no É, È, Ê, Î, Ô, Ë, Ï...

Underline the <u>vowels</u> and circle the (consonants).

1. The monkey and the owl have funny eyes.

2. The tulip is pink.

3. The girl and the boy play hockey.

4. The sun and the lemon are yellow.

5. The queen eats ice cream.

Numbers

Super Zapp learns numbers

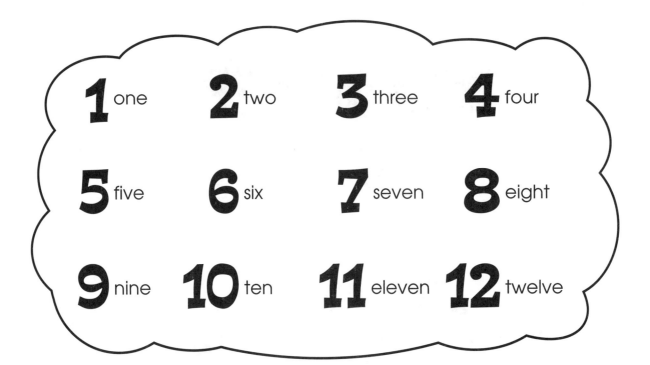

1 one   **2** two   **3** three   **4** four

5 five   **6** six   **7** seven   **8** eight

9 nine   **10** ten   **11** eleven   **12** twelve

Put the letters in order.

1. neo   __one__

2. inne   _____

3. vesen   _____

4. lwteev   _____

5. tne   _____

6. ghiet   _____

7. rofu   _____

8. levene   _____

9. eterh   _____

10. wot   _____

11. ivef   _____

12. xis   _____

Vocabulary

Draw a line

Draw a line between the number and the word.

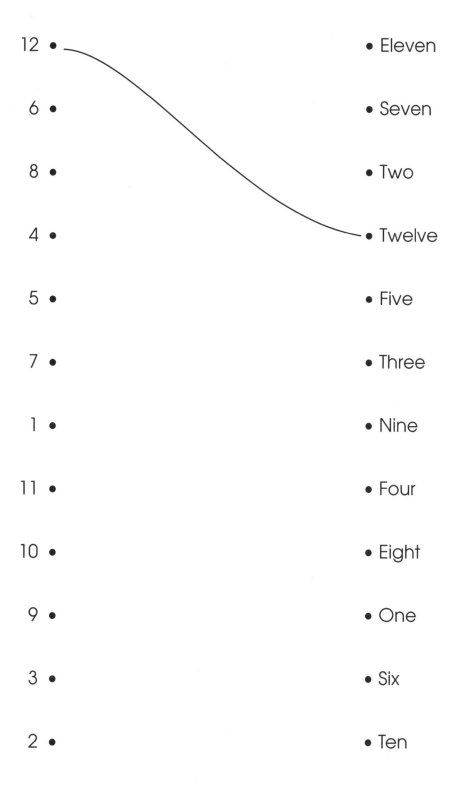

12 •   • Eleven

6 •   • Seven

8 •   • Two

4 •   • Twelve

5 •   • Five

7 •   • Three

1 •   • Nine

11 •   • Four

10 •   • Eight

9 •   • One

3 •   • Six

2 •   • Ten

Vocabulary

Mathematics in English

Let's add! + + +

Write  the correct number in letters.

1.   five
    + two
    <u>s e v e n</u>

2.   six
    + six
    _ _ _ _ _ _

3.   five
    + four
    _ _ _ _

4.   two
    + two
    _ _ _ _

5.   seven
    + one
    _ _ _ _ _

6.   eleven
    + zero
    _ _ _ _ _ _

7.   zero
    eight
    + three
    _ _ _ _ _ _

8.   three
    five
    + four
    _ _ _ _ _ _

9.   zero
    six
    + four
    _ _ _

10.   four
    two
    + three
    _ _ _ _

11.   five
    three
    + two
    _ _ _

12.   one
    seven
    + two
    _ _ _

The biggest fish

Choose the correct math symbol.

Your choices: **>**, **<**, or **=**.

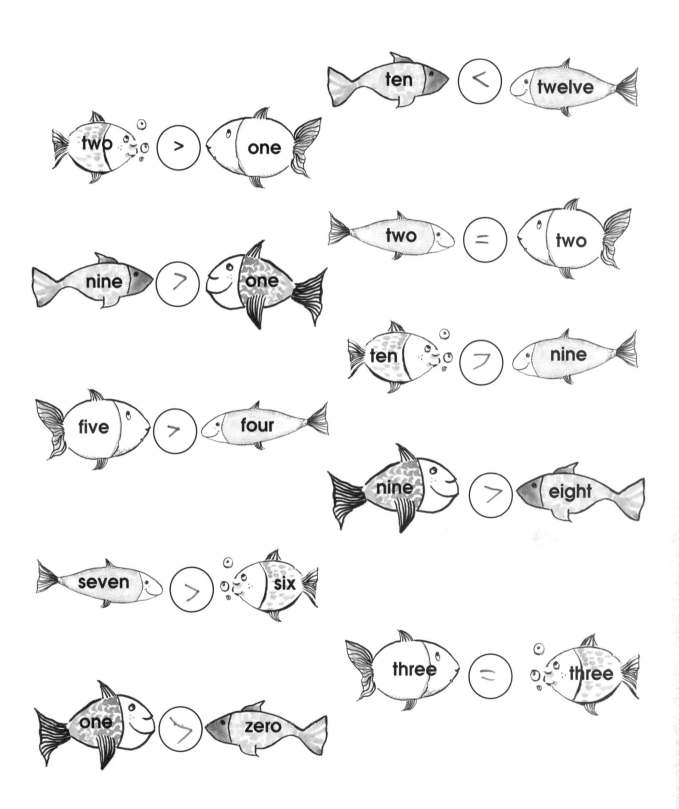

Vocabulary

Let's multiply!

Spell the answers.

1. two x two = four

2. __ __ __ __ x nine = zero

3. 1 ♡0 x 5 ♡0 = __ __ __ __ eggs

4. one x one = __ __ __

5. __ __ __ x four = 8

6. 1 🌷 x t __ __ 🌷 = ten __ __ l i __ __

7. one x __ __ __ = two

8. __ __ __ __ __ x one = 7

9. three ☀ x 2 ☀ = __ __ x s __ n s

10. three x two = __ __ __

11. one x eleven = __ __ __ __ __ __

12. eleven 🪁 x one 🪁 = 11 __ i __ __ s

13. four x one = __ __ __ __

14. four x __ __ __ = eight

15. six x tw __ = tw __ __ __ __

16. five x two = __ __ __

17. two x __ __ __ __ = t __ n

18. one 🍋 x 0 🍋 = __ __ __ __ __ l __ m __ __

19. two x __ __ __ __ __ = six

20. zero x e __ __ ven = __ __ __ __

Vocabulary

More numbers

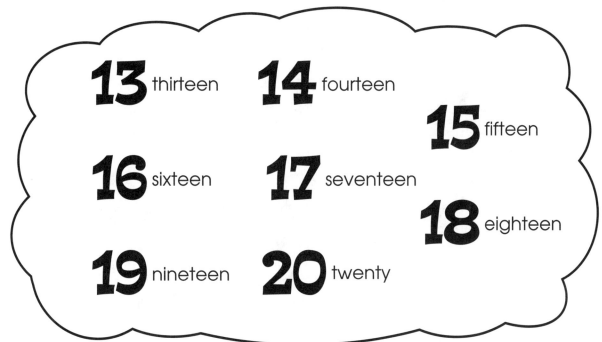

13 thirteen   **14** fourteen   **15** fifteen

16 sixteen   **17** seventeen   **18** eighteen

19 nineteen   **20** twenty

Complete the series.

1. two, three, _____, five

2. sixteen, _____, eighteen, nineteen

3. five, _____, _____, eight, nine

4. twenty, _____, eighteen, seventeen

5. two, four, six, _____, ten

6. twelve, fourteen, sixteen, _____

7. ten, _____, eight, _____, six

8. thirteen, _____, fifteen, _____

9. five, _____, _____, _____, one

10. eleven, _____, fifteen, _____

Vocabulary

Backpack knick-knacks!

Look  👁 👁 in the backpack and count!

1. I see _____six_____ suns.

2. I see _____ tulips.

3. I see _____ girls.

4. I see _____ cakes.

5. I see _____ owl.

6. I see _____ eggs.

7. I see _____ noses.

8. I see _____ pencils.

9. I see _____ boys.

10. I see _____ lemons.

11. I see _____ kites.

12. I see _____ fish.

13. I see _____ xylophones.

14. I see _____ rainbow.

Vocabulary

274

Which is which?

Circle (A) B C the correct word.

1 =	on, own, (one) off
2 =	to, two, too, the
3 =	three, tea, tree, ten
4 =	for, from, four, floor
5 =	file, fifth, five, fly
6 =	sock, six, sick, stick
7 =	several, set, seven, sun
8 =	ate, eight, eat, egg
9 =	night, none, nose, nine
10 =	tell, twin, ten, tall
11 =	even, eleven, evening, elves
12 =	twenty, twin, ten, twelve
13 =	three, thirty, thirteen
14 =	four, fourteen, fifteen
15 =	fifth, five, fifteen
16 =	sixteen, six, seven
17 =	seven, seventeen, six
18 =	nineteen, fourteen, eighteen
19 =	eighteen, seventeen, nineteen
20 =	two, twenty, twelve

Vocabulary

Colours

Super Zapp learns colours

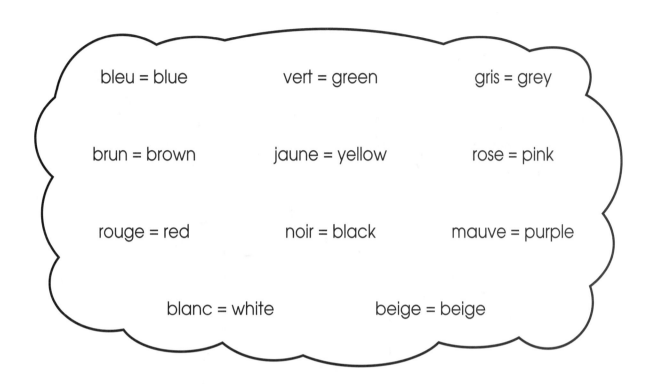

bleu = blue   vert = green   gris = grey

brun = brown   jaune = yellow   rose = pink

rouge = red   noir = black   mauve = purple

blanc = white   beige = beige

Is this possible? Check ✔ *Yes* or *No*.

	Yes	No			Yes	No
1. A blue elephant	☐	☐	6. A black duck		☐	☐
2. An orange orange	☐	☐	7. A purple lemon		☐	☐
3. A red heart	☐	☐	8. A beige apple		☐	☐
4. A yellow star	☐	☐	9. Pink yogurt		☐	☐
5. A green sun	☐	☐	10. A white egg		☐	☐

Vocabulary

Cool colours

Follow the lines and colour the squares.

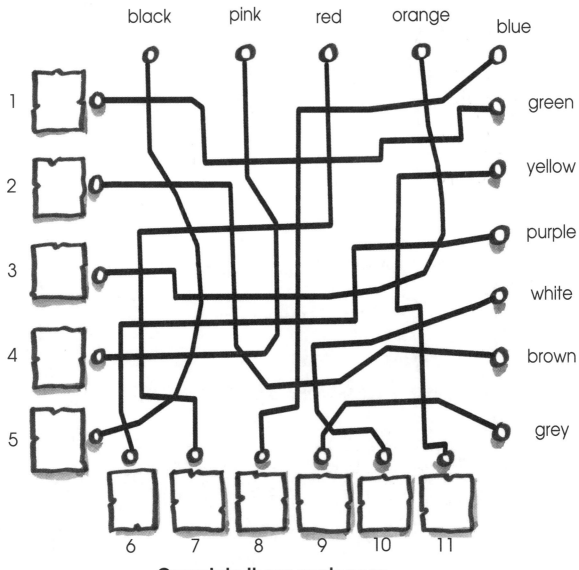

black   pink   red   orange   blue

green

yellow

purple

white

brown

grey

Complete these sentences.

1. The sun, a lemon and a duck are _ _ _ _ _ _.

2. An apple, a heart and a strawberry are _ _ _.

3. A monkey, chocolate and a violin are _ _ _ _ _.

4. An egg, a unicorn and vanilla yogurt are _ _ _ _ _.

5. A rainbow is _____.

Shape-up

square

circle

oval

rectangle

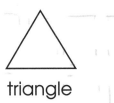
triangle

heart

star

What shapes can you see ?

 1. A ball is a _____.

 2. A chocolate bar is a _____.

 3. This house has a _____ and

a _____.

 4. This car has a _____, a _____

and two _____.

 5. This elephant has two _____,

two _____ and five _____.

Vocabulary

Be an artist

Can you draw objects? Use...

Two circles

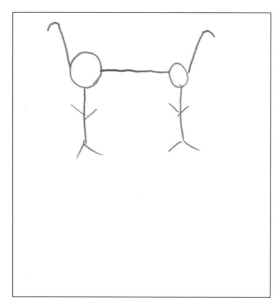

Four squares

One rectangle and
two stars

Three circles, four triangles
and one heart

280

Are you puzzled?

o	e	w	e	w	h	i	t	e	e
v	l	n	e	h	e	a	r	t	r
a	g	e	l	l	o	d	i	k	a
l	n	e	c	k	v	e	a	n	u
g	a	r	r	e	c	r	n	i	q
r	t	g	i	c	o	a	g	p	s
e	c	l	c	o	u	b	l	u	e
y	e	l	l	o	w	r	e	b	s
b	r	o	w	n	e	g	i	e	b

Circle the words in the puzzle.

Beige · Black · Blue

Brown · Green · Grey

Heart · Oval · Pink

Rectangle · Red · Square

Triangle · White · Yellow

Circle

Write the message here:

— — — — — — — — —

Vocabulary

Halloween

The costume department

Look at the costumes, read the list and write the correct letter.

1. I
2. E
3. C
4. L
5. G
6. H
7. D
8. M
9. A
10. K
11. F
12. B
13. J

A. witch
B. bat
C. clown
D. pirate
E. cat
F. spider
G. skeleton
H. fairy
I. ghost
J. scarecrow
K. vampire
L. monster
M. ballerina

Vocabulary

What is the mystery word?

1. It is white, says *booo*.

2. __ __ __ man.

3. Lives in a graveyard.

4. He has a big red nose.

5. 🖤 gardens.

6. She wears a big black hat.

7. Insect with 8 legs:

__ __ __ __ __ __ .

8. Man with a patch on his eye.

9. Big, round and orange.

The mystery word is celebrated on October 31. Write it here:

__ __ __ __ __ __ __ __ __

Colours for Halloween

In French, I say: *Je porte un chapeau **noir***.
In English, I place the colour *black* **before** the
noun *hat*. I say: *I am wearing a **black** hat*.

colour before

Describe your Halloween costume.

I am wearing _____ boots or shoes.
            colour

I am wearing a _____ hat or cap.
             colour

I am _____ _____ pants or dress.
                        colour

I am wearing a _____ _____.

(Draw the accessory.)

I __ _____ __ _____ _____.

(Draw the accessory.)

Syntax

Misplaced colours

What do you see   ?

A. An <u>orange</u>   <u>jack-o'-lantern</u>
    colour   noun

B. A __ __ __ __ __   __ __ __
       colour   noun

C. Two __ __ __ __ __   __ __ __ __ __ s
         colour   noun

D. One __ __ __   n __ s __
         colour   noun

Write in the correct order.

1. hat one purple: <u>one</u> _____ _____
                   quantity   colour   noun

2. white skeleton a: _____ _____ _____
                      quantity   colour   noun

3. a cat brown: _____ _____ _____
                 quantity   colour   noun

4. pink a ballerina: _____ _____ _____
                      quantity   colour   noun

5. pirates two black and white: _____

6. black spiders eight: _____

7. brown three scarecrows: _____

8. monster green one: _____

Where?

Question =
Where?

Answer (réponse) =
A place

Question:
Where is the spider?

Answer:
The spider is **on** the jack-o'-lantern.

To indicate a place, we use **prepositions**.
Here are four prepositions: **on**, **in**, **in front of**, **next to**.

On	**In**
Q. Where is the spider?	**Q.** Where is the spider?

A. The spider is on the box.	**A.** The spider is in the box.
In front of	**Next to**
Q. Where is the spider?	**Q.** Where is the spider?

A. The spider is in front of the clown.	**A.** The spider is next to the clown.

Vocabulary

Find the creatures

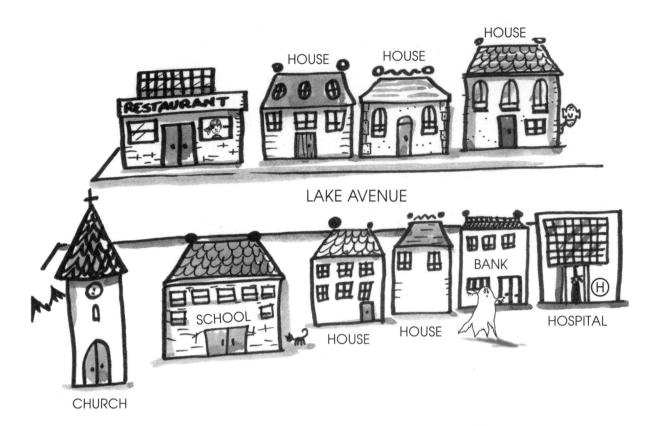

Halloween creatures are hiding on Lake Avenue. Where?
Write the preposition. Look at p. 287 for help.

1. Q. Where is the pirate?
   A. The pirate is **in** the **restaurant**.

2. Q. Where is the monster?
   A. The monster is _____ the _____.

3. Q. Where is the witch?
   A. The witch is _____ the _____.

4. Q. Where is the black cat?
   A. The black cat is _____ the _____.

5. Q. Where is the ghost?
   A. The ghost is _____ the _____.

My Family

His or her?

When we talk about a **girl** or **woman** ,
we say: *Her* name is Jessica.
            Her favourite animal is a dog.

When we talk about a **boy** or **man** ,
we say: *His* name is Arthur.
            His favourite animal is a dog.

Write *his* or *her*.

1. Julie   Her favourite animal is the giraffe.

2. Bob   _____ favourite sport is baseball.

3. John   _____ favourite animal is the snake.

4. Emilie   _____address is 1234 Lake Avenue.

5. _____ name is Jean-Sébastien.

6. _____ name is Elizabeth.

Vocabulary

Your family!

Tell me about your family. What is the name of your mom, your dad... Write *His* or *Her*.

1. Mom: _ _ _   name   is   _____.
         His/Her

2. Dad: _ _ _   name   is   _____.

3. Brother(s):   _ _ _   name   is   _____.
                 _ _ _   ____   is   _____.
                 _ _ _   ____   is   _____.

                 No brothers? Check (✔) this box here => ☐

4. Sister(s):   _ _ _   name   is   _____.
                _ _ _   ____   is   _____.
                _ _ _   ____   is   _____.

                No sisters? Check here => ☐

5. Pet: *His* if your pet is a male.
          Her if your pet is a female.

          _ _ _   name   is   _____.

          His/Her

My pet is a _____.   No pets ? => ☐
            (dog, cat...)

Vocabulary

291

More about your family!

DEMI-FRÈRE is *STEPBROTHER* in English!
DEMI-SOEUR is *STEPSISTER* in English!

Do you have stepbrothers or stepsisters?

Write the names. Write *His* or *Her*.

1. Stepbrother(s)

    _ _ _   name   is _____.
    His/Her

    _ _ _   _____   is _____.

2. Stepsister(s)

    _ _ _   _____   is _____.
    His/Her

    _ _ _   _____   is _____.

Who (qui) are your best friends (amis)?

I have _____ (1-2-3…?) best friends.

•   _ _ _   name   is _____.
    His/Her

•   _ _ _   _____   is _____.

•   _ _ _   _____   is _____.

•   _ _ _   _____   is _____.

Vocabulary

Pronouns

	First (1ˢᵗ) person singular	JE	→ I
	Second (2ⁿᵈ) person singular	TU	→ YOU
	Third (3ʳᵈ) person singular	IL (a boy)	→ HE
		ELLE (a girl)	→ SHE
		(for an object)	→ IT
	First person plural	NOUS	→ WE
	Second person plural	VOUS	→ YOU
	Third person plural	ILS/ELLES	→ THEY

Choose the right pronoun.

1. ___ am a superhero.

2. ___ are good friends.

3. ___ likes to play football.

4. ___ is a girl in my class.

5. ___ is my new bicycle.

6. ___ are 10 years old.

Vocabulary

How old?

WATCH OUT!

IN FRENCH, I SAY:	IN ENGLISH, I SAY:
*Quel âge **as**-tu?*	*HOW OLD **ARE** YOU?*
(verbe **avoir**)	(verbe **être**)

	QUESTION	Pronouns		ANSWER
1st p. s.	How old	am	I ?	I	am	7 years old.
2nd p. s.	How old	are	you ?	You	are	8 years old.
3rd p. s. (boy)	How old	is	he ?	He	is	9 years old.
(girl)	How old	is	she ?	She	is	12 years old.
(object)	How old	is	it ?	It	is	13 years old.
1st p. p.	How old	are	we ?	We	are	15 years old.
2nd p. p.	How old	are	you ?	You	are	16 years old.
3rd p. p.	How old	are	they ?	They	are	17 years old.

This is the verb **TO BE** (être) in English.
Now you have to practise!

Be a detective...

Ask your family questions. Look at p. 294 for help.

1. How old is your mother?
   She ___ _____ _____ years old.
   (pronoun) (verb *to be*) (number)

2. How old is your father?
   He ___ _____ _____ ____.
   (pronoun) (*to be*)   (number)

3. How old is your sister?
   S___ ___ _____ _____ ____.

4. How old is your brother?
   H___ ___ _____ _____ ____.

© Les Éditions CEC inc. · **Reproduction interdite**

Conjugation

Words, words, words "description"

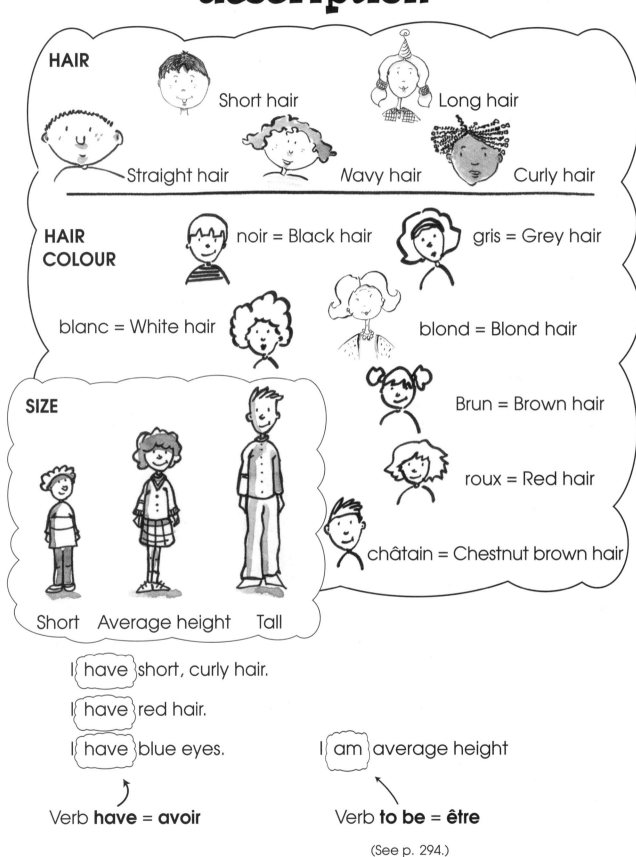

HAIR

Short hair

Long hair

Straight hair

Navy hair

Curly hair

HAIR COLOUR

noir = Black hair

gris = Grey hair

blanc = White hair

blond = Blond hair

Brun = Brown hair

roux = Red hair

châtain = Chestnut brown hair

SIZE

Short   Average height   Tall

I have short, curly hair.

I have red hair.

I have blue eyes.

I am average height

Verb **have** = **avoir**

Verb **to be** = **être**

(See p. 294.)

Vocabulary

Describe yourself

NAME: My name is _____.

AGE: I _ _ _____ y _ _ _ _   o _ _.
                        number

HAIR: I have _____ hair.
                    (long, curly, straight…)

         I have _____ hair.
                           (colour)

EYES: I have _____ eyes.
                           (colour)

SIZE: I am _____.
                       (short, tall…)

FAVOURITES: ♡ ♡

   My favourite music ♫ is _____.

   My favourite sport is _____.

   My favourite T.V. show is _____.

   ___ favourite game is _____.

   ___ _____ colour is _____.

   ___ _____ _____ is _____.
                  (?)

Vocabulary

Where is *to be*?

- **We use *to be* to describe your feelings.**
  Example: They (are) scared.

- **We use *to be* to say your age.**
  Example: I (am) 9 years old.

- **We use *to be* to describe yourself.**
  Example: Vincent (is) tall.

The verb *to be* is not here. It's gone! Look at the subject, look at p. 294 and conjugate the verb *to be*.

Example: Antoine ____is____ happy.

1. Catherine _____ in grade 5.

2. I _____ 8 years old.

3. Frédérique _____ short.

4. We _____ in Josée's class.

5. They _____ in grade 3.

6. You _____ proud.

7. Audrey _____ very tall.

8. Nicolas _____ a good hockey player.

9. I _____ short and thin.

10. The monkeys _____ funny.

11. This duck _____ yellow and brown.

Conjugation

The Seasons

Four seasons

In Quebec, the year has four seasons.

Winter

Spring

Summer

Fall or Autumn

Vocabulary

Help with days, months and seasons

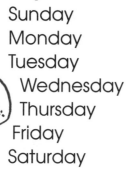

Days
Sunday
Monday
Tuesday
Wednesday
Thursday
Friday
Saturday

Jours
dimanche
lundi
mardi
mercredi
jeudi
vendredi
samedi

Months
January
February
March
April
May
June
July
August
September
October
November
December

Mois
janvier
février
mars
avril
mai
juin
juillet
août
septembre
octobre
novembre
décembre

Seasons
spring
summer
fall or autum
winter

Saisons
printemps
été
automne
hiver

Vocabulary

How do you know it's winter?

Winter arrives on December 21.

The period of the shortest day ☀ and

the longest night 🌙 is called...

Use this special number code:

1	3	5	7	9	11	13	15	17	19	21	23	25
E	J	T	F	M	R	H	S	V	C	Z	O	G

2	4	6	8	10	12	14	16	18	20	22	24	26
U	N	A	Y	X	B	W	L	P	I	Q	D	K

1. $\overline{}$ $\overline{}$ $\overline{}$ $\overline{}$ $\overline{}$ $\overline{}$ $\overline{}$ $\overline{}$
     15   23   16   15   5   20   19   1

short : ⊢—⊣

long : ⊢———————⊣

> When you add *est* at the end of an adjective, you modify the meaning of the adjective.
> Short + *est* => shortest day = jour le plus court
> Long + *est* => longest night = nuit la plus longue

On December 25, we celebrate
(use the code)...

2. $\overline{}$ $\overline{}$ $\overline{}$ $\overline{}$ $\overline{}$ $\overline{}$ $\overline{}$ $\overline{}$ $\overline{}$
     19   13   11   20   15   5   9   6   15

Grammar

Let's play outside

In Quebec, during winter, you can do a lot of fun activities.

Complete the names of the activities using the word bank.

1. Build a...

_ _ _ _ _ _ _ t

2. Make a...

_ _ _ _ _ _ g _ l

3. Make a...

_ _ _ _ _ _ n

4. Go...

_ _ _ _ -
_ _ _ _ _ _ _ g

5. Go...

f _ _ _ _ _
_ _ _ _ _ _ g

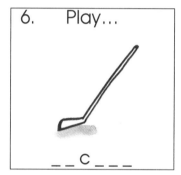

6. Play...

_ _ c _ _ _

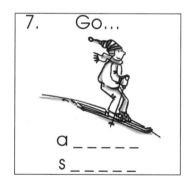

7. Go...

a _ _ _ _ _
s _ _ _ _ _

8. Go...

_ _ _ _ _ _ _

9. Go...

c _ _ _ _ -c _ _ _ _ _ _
s _ _ _ _ _

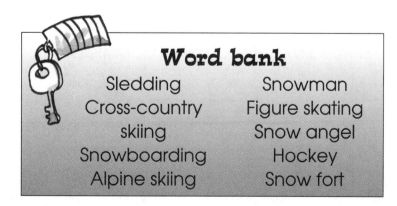

Word bank

Sledding   Snowman

Cross-country   Figure skating
skiing   Snow angel

Snowboarding   Hockey

Alpine skiing   Snow fort

© Les Éditions CEC inc. · **Reproduction interdite**

Vocabulary

Winter activities survey

Question:
Do you like ♡ ___skiing___ *?*

Answer:
Yes, No, A little bit or *I don't know*

A little bit = un peu.   I don't know = Je ne sais pas. (?)

Find three persons, ask the questions, and check (✔) their answers.

Activities	Name: Yes	No	Little	(?)	Name: Yes	No	Little	(?)	Name: Yes	No	Little	(?)
Snowboarding												
Alpine skiing												
Sledding												
Hockey												
Figure skating												
Playing in the snow												
Snowshoeing												
Cross-country skiing												

What are the three most (+) popular activities?

_____   _____   _____

Now, Your turn!

**Answer the questions about your favourite
winter activities.**

Write complete answers.
Example: Do you like playing in the snow?
   Choices:
   • Yes, I do.
   • No, I don't (negative = do + not = don't).
   • Just a little bit (un peu).
   • I don't know (je ne sais pas).

1. Do you like snowshoeing?

   _____

2. Do you like alpine skiing?

   _____

3. Do you like figure skating?

   _____

4. Do you like cross-country skiing?

   _____

5. Do you like snowboarding?

   _____

6. Do you like hockey?

   _____

7. Do you like sledding?

   _____

Vocabulary

Mister Snowman

To build a nice snowman, you need branches ✦ , small rocks● , a carrot 🥕 and… SNOW!

On my hand, I have 5 fingers.

On my foot, I have 5 toes.

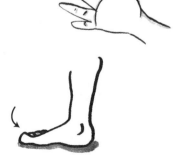

Vocabulary

Oh where, oh where can it be?

Super Zapp lost his tuque . Help him find it.

Look at each snowman and choose the right preposition.

Remember:

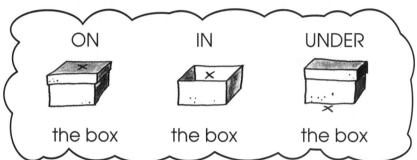

Help me!

1. Where is his tuque? It is _____ his head.
   (preposition)

2. Where is his tuque? It ____ _____ his hands.
   (verb) (preposition)

3. W_____ is h__ _____ ?
   It _____ _____ his body.
   (verb)   (preposition)

Vocabulary

Don't forget

Plural of verb *to be* = *are*.

Where (are) the mittens?

Now Super Zapp has lost his mittens 🧤. Help him.

1. Where _ _ _ his mittens? They _ _ _ _____ his body.

   (preposition)

2. Where _ _ _ his _ _ _ _ _ _ _ _?
   They _ _ _ _____ his nose.

   (preposition)

3. Where _____ his _____?
   _____ _____ _____ his t _ _ _ _.

   (verb)   (preposition)

Here are 2 snowmen. Draw boots 👢 and ask questions.

Write the answers.

Q. Where are the boots? _____

A. They are _____

_____.

Q. _____?

A. _____

_____.

Word search

1. [J][ ][ ][ ][ ][ ]

2. [ ][ ][C][ ][ ][ ]

3. [ ][T] - [ ][ ][ ][ ][ ][ ][ ][E]

4. [ ][O][ ][ ][ ][ ][ ]

5. [ ][ ][ ][ ][ ][T][ ][ ][ ]

6. [ ][ ][Q][ ][ ]

7. [C][ ][ ][ ][ ] - [ ][ ][ ][ ][ ][Y] [ ][ ][i][ ][ ]

8. [R][ ][ ][ ][ ][ ]

9. [ ][ ][ ][W]

10. [C][ ][ ][ ]

1. Month in winter.

2. Sidney Crosby plays…

3. Feb 14th

4. Longest ☽ Shortest ☀.

5. December 25th.

6. .

7. A winter sport with 3 words.

8. Animal that loves carrots.

9. Tracks of a 🐾 .

10. In winter it's __ __ __ __ (froid).

Vocabulary

How do you know it's spring?

Spring arrives on March 21.
The period when the day 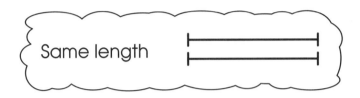 and night are equal (=)
in length has a special name.

Same length

SIGN CODE

Ⴑ	⌒	⁄⁄	♁	🜚	△	◯	▢	✕	≁	∼	⤸	⨍
A	B	C	D	E	F	G	H	I	J	K	L	M

⚥	☾	⚴	⚘	▷	✡	▥	⁄	⌐	℆	✗	⊘	☉
N	O	P	Q	R	S	T	U	V	W	X	Y	Z

This period is called:
(use the sign code)

_ _ _ _ _ _ _

Vocabulary

How do you know it's summer?

Summer in Quebec arrives on June 21.
The period of the longest day ☼ and the shortest night 🌙
is called (use Mister Alpha's code, p. 265):

       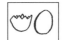

1. ___ ___ ___ ___ ___ ___ ___ ___

Find the page where you have learned this same word.

2. What page is it on? _____

3. What season was it about? _____

**What's the difference between the Winter solstice
and the Summer solstice?**

Write *longest* or *shortest*.

4.

Winter solstice		Summer solstice	
🌙	☼	🌙	☼

Vocabulary

Let's get wet

Summer is great for water sports.

Complete the names of the activities using the correct verbs in the word bank.

1. to...

_ _ _ _

2. to...

_ _ _ h

3. to...

_ w _ _

4. to...
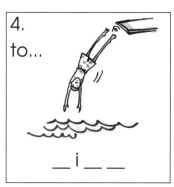
_ i _ _

5. to...

_ _ y _ _

6. to...

_ _ o _ -
_ _ _

7. to...
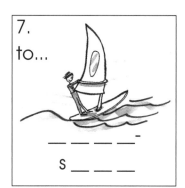
_ _ _ _ -
s _ _ _ _

8. to...

_ _ _ _ _

9. to...

_ _ _ _
in the water

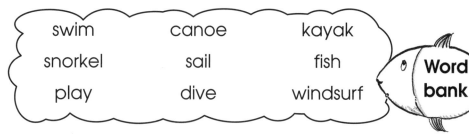

swim   canoe   kayak

snorkel   sail   fish

play   dive   windsurf

Word bank

I see land!

What about these activities?

1. To _ i _ _ _

a bicycle

2. To _ _ y
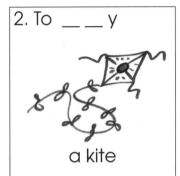
a kite

3. To p _ _ _ _

tennis

4. To ride
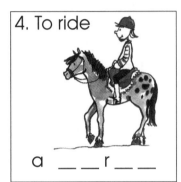
a _ _ _ r _ _

5. To

s _ _ _ _ _ -
_ _ _ _ d

6. To
_ _ _ _ _ _
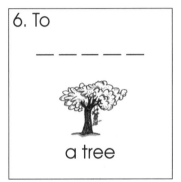
a tree

7. To _ _ _ _ _
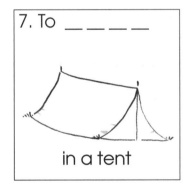
in a tent

8. To
_ _ - _ _ _ _

skate

9. To
_ _ _ _ _ _ _

Word bank

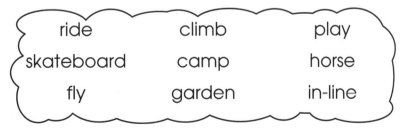

ride	climb	play
skateboard	camp	horse
fly	garden	in-line

Vocabulary

Conjugate *to have*

In English, you conjugate the verb *to have* (avoir) this way.

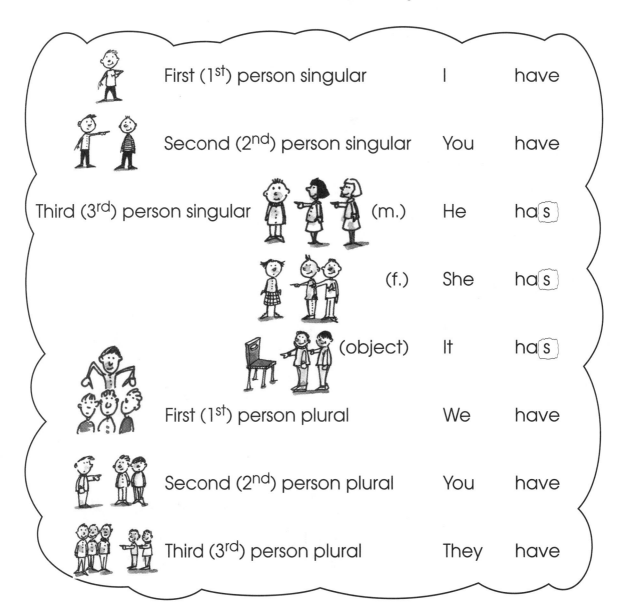

First (1st) person singular	I	have
Second (2nd) person singular	You	have
Third (3rd) person singular (m.)	He	has
(f.)	She	has
(object)	It	has
First (1st) person plural	We	have
Second (2nd) person plural	You	have
Third (3rd) person plural	They	have

Conjugate *to have* correctly.

1. I _____ a ball.
2. You _____ a skateboard.
3. She _____ a C.D.
4. He _____ a dog.
5. It _____ 4 legs (the chair).
6. We _____ permission.
7. You _____ the solution.
8. They _____ a big garden.

Conjugation

314

Do you have...?

Question:
Do you have a dog?

Answer
Yes, I have a dog.

No, I do not have a dog.

Check *Yes* or *No* and complete the answer.

A. Do you have a bicycle? Yes ☐ No ☐ I _____

B. Do you have a tent? Yes ☐ No ☐ _____

C. Do you have a skateboard? Yes ☐ No ☐ _____

D. Do you have a brother? Yes ☐ No ☐ _____

E. Do you have a sister? Yes ☐ No ☐ _____

How many – Let's review.

1. How many wheels ⊕ does a bicycle have?
   It _____ .

2. How many triangles does the sailboat ⛵ have?
   It _____ .

3. How many legs 🐴 does a horse have?
   _____ .

Syntax

Present tense

In the present tense, most verbs take "s"
only in the third person singular.

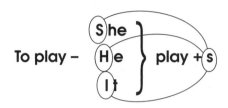

To play –

Complete the charts by using the correct ending.

Example:

1. TO PLAY

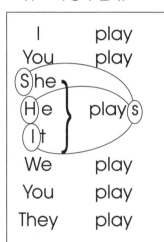

I	play
You	play
She	
He	play s
It	
We	play
You	play
They	play

2. TO RIDE

I	_____
You	_____
She	
He	_____
It	
We	_____
You	_____
They	_____

3. TO CLIMB

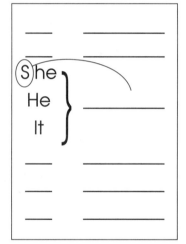

4. TO SWIM

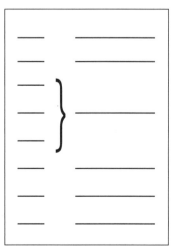

5. TO DIVE

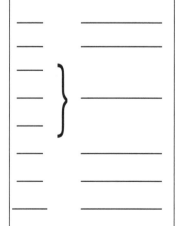

6. TO SKATE

Conjugation

How do you know it's fall?

Fall arrives on September 21. Like spring, fall begins when the day  and the night ☽ are equal (=) in length. Do you remember the name of this special day?

It is called the __ __ __ __ __ __ __.

(Go to p. 310 for the answer!)

In Quebec, fall is famous for the beautiful colours in trees.
FALL also means *tomber*. During FALL (the season),
the leaves FALL (the verb *tomber*)!

The leaves of the trees FALL.
It must be FALL!

We can also name this season *Autumn*. Autumn or Fall.

Vocabulary

Apple lover

Dad! Which apples do you prefer?

I like ♡ red apples but I prefer ♡♡ green apples!

Find one person who…
(Ask the question *Which apples do you prefer?*
to your friends and members of your family.)

➡ … prefers RED apples.

_____	prefers	red	apples
name	*verb	*colour	noun

* Remember! Third person singular = "S" (see p. 316).

* Remember! The colour BEFORE the noun (see p. 285, 286).

➡ … prefers GREEN apples.

_____	_____	_____	_____
name	verb	colour	noun

➡ … prefers YELLOW apples.

_____	_____	_____	_____
name	verb	colour	noun

And you? Which apples do YOU prefer?

I _____ _____
            verb

No "**S**"! It's 1st person singular!

Pick me up!

September, the ninth month of the year, is the perfect month to PICK apples.

How many apples can Super Zapp pick in each tree?
Spell the numbers.

Tree 1 =
1. _ _ _ _ _ _ _ apples

Tree 2 =
2. _ _ _ _ _ _ _ _ apples

Tree 3 =
3. _ _ _ _ apples

Tree 4 =
4. _ _ _ _ _ _ _ _ _ apples

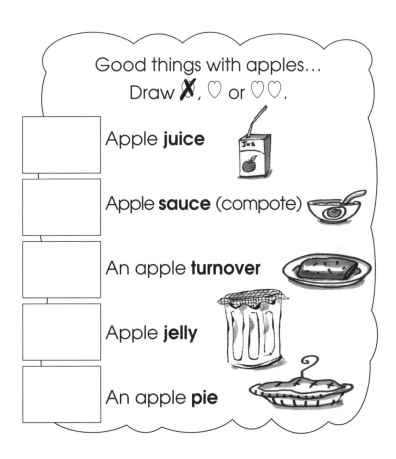

Good things with apples…
Draw ✗, ♡ or ♡♡.

Apple **juice**

Apple **sauce** (compote)

An apple **turnover**

Apple **jelly**

An apple **pie**

A week in Super Zapp's life

NOVEMBER

Su	Mo	Tu	We	Th	Fr	Sa
					3	4
5	6	7	8	9		

On **Fr**iday, November 3, it is my friend Thomas' birthday. We will play cards and eat popcorn! On **Sa**turday, November 4, I will build my new model. On **Su**nday, I will play chess with my uncle after lunch. I will watch my favourite TV program on **Mo**nday, November 6, and on **Th**ursday the 9th. On **Tu**esday, November 7, I will play cards with Karim and my mom. Finally, on **We**dnesday the 8th, I will draw in my colouring book with my father.

Read and complete.

DAY (jour)	ACTIVITY	WITH (avec)
Fr		
Sa		
Su		
Mo		
Tu		
We		
Th		

Reading comprehension

320

Days, days, days!

Look at the calendar. The first (1st) day of the week (on the left ←) is S u _ _ _ _.

Write the 5 days of school in order.

1. M o _ _ _ _

2. T u _ _ _ _ _

3. W e _ _ _ _ _ _ _

4. T h _ _ _ _ _ _

5. F r _ _ _ _

Write the 2 days of the weekend.

6. S a _ _ _ _ _ _

7. S u _ _ _ _

Like months, days of the week begin with a CAPITAL letter!

What is your favourite day of the week?

I like _____.

Vocabulary

My agenda

Write the days of the week.

Write the activities you do every day of this week.
If you're not alone (seul), write the name of the
person with you.

DAY	ACTIVITY	WITH (avec)
S u _ _ _ _		
M _ _ _ _ _		
T _ _ _ _ _ _		
W _ _ _ _ _ _ _ _		
T _ _ _ _ _ _ _		
F _ _ _ _ _		
S _ _ _ _ _ _ _		

Let's review months!

1. A. J _ _ _ _ _ _
    B. _ _ _ _ _ _ _ _
    C. _ _ _ _ _
    D. _ _ _ _ _
    E. _ _ _
    F. _ _ _ _

    G. _ _ _ _
    H. _ _ _ _ _ _
    I. _ _ _ _ _ _ _ _ _
    J. _ _ _ _ _ _ _
    K. _ _ _ _ _ _ _ _
    L. D _ _ _ _ _ _ _

2. Don't forget the CAPITAL letters at the beginning!

    A. What is your favourite month?
        _____.

    B. During which month do you celebrate your birthday?
        _____.

    C. When is St-Valentine's day?
        In _____.

    D. When is the first day of school?
        _____.

    E. When is the summer solstice?
        _____.

    F. When is New Year's day?
        _____.

Vocabulary

Christmas

Christmas

Christmas is December 25. It is during a season called *winter*. Many children love ♡♡ Christmas because they have a big **party** with mom and dad, brothers and sisters, grandparents, uncles, aunts and cousins. Everybody is happy 😊. Young children put **milk** 🥛 and **cookies** 🍪 in the **living room** 🔥 for **SANTA CLAUS** 🎅.

Some people give and receive cards 💌 and gifts 🎁.

Some people decorate their house 🏠 and a Christmas tree 🎄.

MERRY CHRISTMAS!

Make a Christmas card

1. Choose a nice sheet of paper (white, red or green).

2. Fold it in two.

3. Fold it in two, again!

4. On the front of the card, draw a big Santa Claus or a reindeer or a Christmas tree or an angel or...

5. Open the card.

6. Inside the card, write *MERRY CHRISTMAS.* Write big colourful letters. Draw pictures. Decorate the inside. Use colours! Use your imagination! Have fun!

7. Give the card to someone you ♡!

A sleigh ride

Read the story and write numbers 2 to 10 in the correct circles to indicate the order of Rudolf's stops.

Rudolf is visiting the city to say *HELLO* to his friends. His 1st stop is at the hospital. Then he goes to Tim's house. His address is 164 Elf street. Stop #3 is at the church. Then Rudolf goes to the store on Angel Avenue. Next, he goes to the restaurant for a good sandwich. Stop #6 is at the park to play. After, he goes to the gas station and the bookstore. Rudolf then goes to Rachel's house. Her address is 54 Rednose Road. Finally, stop #10 is at school to see the children.

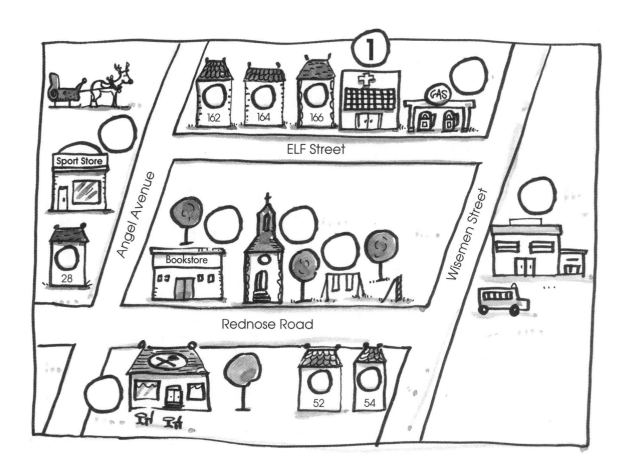

Describing gifts

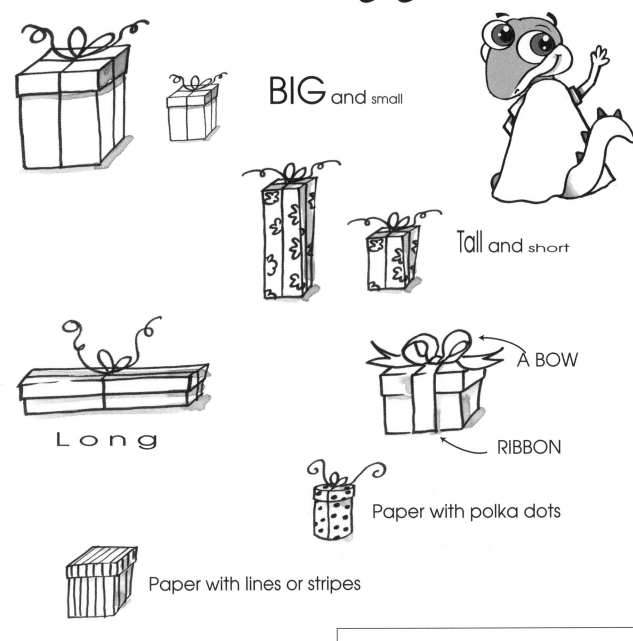

BIG and small

Tall and short

Long

A BOW

RIBBON

Paper with polka dots

Paper with lines or stripes

Draw a BIG, TALL gift
with blue paper, white LINES,
a SMALL BOW, brown RIBBON
and orange DOTS!

Page 4

lecture, couleur, lettre, enseignante, cuisinière, souriante, impatiente, principale, première, suivante, bonne, variée.

Page 6

1. a) Adam, b) Béatrice, c) Caroline, d) Évans, e) Irma, f) Jacob, g) Ken, h) Marouska, i) Odile, j) Sylvain, k) Trévis, l) Ulrick, m) Valérie, n) Xavier, o) Yan.
2. a) abeille, b) acier, c) affiche, d) alouette, e) amusement, f) âne, g) anglais, h) armoire, i) artiste, j) avril.

Page 8

familiale ; violente ; majestueuse ; mystérieuse ; horizontale ; verticale ; agréable ; dure ; familière ; longue.

Page 9

Phrases complètes : c, e, f, h, i.

Page 11

Horizontal : 1. distraite ; 2. tortue ; 3. restaurant ; 4. ustensiles.
Vertical : 1. dentiste ; 2. tornade ; 3. astronaute ; 4. locomotive.

Page 12

1. a) une horloge ; b) une église ; c) une étoile ; d) une ampoule ; e) un hôpital.
2. a) oui ; b) non ; c) non ; d) oui ; e) non ; f) oui ; g) oui ; h) non ; i) non ; j) oui.

Page 13

(k)	(z)	(s)	(t)
carotte	maison	garçon	patate
accordéon	baiser	attention	attaquer
chorale	désert	dessert	gratiner
décor	jaser	ébullition	matinée
kaki	misère	éruption	retard
quenouille	rizière	suçon	théo

Page 15

Liste du haut : nom communs.
Liste du milieu : verbes.
Liste du bas : adjectifs.

Page 17

Cousin.

Page 18

Dix verbes parmi les suivants : s'excite : s'exciter ; saute : sauter ; a décidé : décider ; aiderait : aider ; range : ranger ; sort : sortir ; secoue : secouer ; époussette : épousseter ; passe : passer ; est terminé : terminer ; est : être ; savoure : savourer ; boit : boire.

Page 19

1. bergère ; 2. banquière ; 3. actrice ; 4. professeure ; 5. cultivatrice ; 6. chanteuse ; 7. technicienne ; 8. chirurgienne ; 9. pompière.

Page 20

a) coupe ; b) font ; c) économisez ; d) espérons ; e) finis ; f) chante ; g) partage ; h) faites ; i) collectionnes ; j) veulent.

Page 22

Prénom.

Page 24

Adjectifs	Noms communs	Verbes
allongé, allongée	autocollants	défaire
ciré, cirée	bol	écrire
énorme	cinéma	enlever
identique	épicerie	occuper
spécial, spéciale	pilote	prononcer

Page 25

1. eau, haut ; 2. père, paire ; 3. champ, chant ; 4. tante, tente ; 5. verre, ver, vert.

Pages 26-27

1. Elle s'est fait opérer pour la première fois.
2. Les oreilles, la gorge et le nez.
3. Otite.
4. Faux.
5. Oto-rhino-laryngologiste.
6. Les délicieuses sucettes glacées et les énormes bols remplis de crème glacée au chocolat.
7. Six adjectifs parmi les suivants : cher, ferventes, spéciale, première, malade, bouché, tristes, heureuse, délicieuses, glacées, énormes, glacée.

Page 28

1. a) présent ; b) passé ; c) présent ; d) futur ; e) passé.

Page 29

animé ; désemparé ; rocambolesque ; scolaire ; mauvais ; gelé ; primaire ; gros ; jeune ; chaud.

Page 30

a) éléphant ; b) renard ; c) chat ; d) chevaux ; e) chien ; f) lion ; g) poisson ; h) singe ; i) vache ; j) guêpe.

Page 31

1. a) indiscret ; b) impatient ; c) impossible ; d) irréel ; e) irresponsable ; f) imbattable ; g) illégal ; h) inactif ; i) illisible ; j) inattention.
2. a) légal ; b) fin ; c) color ; d) compt ; e) trot.

Page 33

1. a) classe ; b) manges ; c) vis ; d) manquons ;
   e) fuient ; f) remarquez ; g) trouvent ; h) disent ;
   i) rends.

2. casquette.

Page 34

-euse : 1 ; 3 ; 10 ; 13 ; 15.
-trice : 2 ; 5 ; 8 ; 9 ; 14.
-ère : 4 ; 6 ; 7 ; 11 ; 12.

Page 35

mauvais ; gros ; chaude ; bleue ; givrée ; scolaire ;
jaune ; primaire ; noir ; longue.

Page 36

un moustique, un caramel, une photographie, une
fenêtre, une planète, une soucoupe, un phoque,
un éléphant, une éléphante, un sofa, un pompier,
une pompière.

Page 37

a) 1 ; b) 2 ; c) 6 ; d) 9 ; e) 3 ; f) 8 ; g) 4 ; h) 7 ; i) 5.

Page 39

1. a) ampoule ; b) danser ; c) septembre ; d) ramper ;
   e) emprisonner ; f) chambre ; g) jambe ;
   h) crampe ; i) ranger ; j) changer.

2. a) pont ; b) pompe ; c) bombe ; d) ronde ;
   e) tondre ; f) rompre ; g) tomber ; h) pompier ;
   i) gronder ; j) boutonner.

3. p et b.

Page 40

	Déterminants	Noms
Féminin singulier	ma	mère
	une	chance
Féminin pluriel	des	saucisses
Masculin singulier	le	menu
	mon	père
Masculin pluriel	deux	maniaques
	les	mets
	des	légumes
	des	fruits
	des	doigts

Page 41

1. percer : c ; 2. croquer : h ; 3. scier : f ; 4. planter : a ;
5. fouiller : j ; 6. ronfler : i ; 7. balayer : b ; 8. bâiller : d ;
9. sentir : g ; 10. chuchoter : e.

Page 42

éléphant, galaxie, souterrain, moustique, araignée,
souligner, pédaler, fenêtre, mélange, suivante.

Page 43

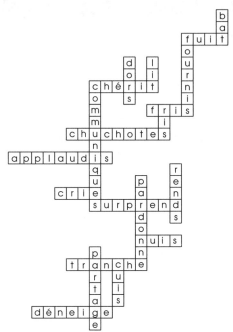

Page 44

1. seau + fa = sofa
2. tas + pis = tapis
3. sou + riz = souris
4. pont + pied = pompier
5. rat + thon = raton

Page 46

Noms communs : bouche, cloche, flûte, guitare,
hibou, manteau, oiseau, piano, tasse, trompette.
Verbes : accorder, choisir, décider, découvrir,
écouter, étudier, japper, peindre, rattacher, réfléchir.

Page 47

a) tuba ; b) violon ; c) clarinette ; d) saxophone ;
e) flûte ; f) trombone ; g) trompette ; h) piano ;
i) accordéon ; j) batterie.

Page 48

cloches ; manteaux ; cheveux ; fous ; choux ; hiboux ;
plantes ; tables ; oiseaux ; bouches ; crayons ; fêtes ;
tasses ; genoux.

Page 49

1. a) erai ; b) era ; c) erons ; d) eront ; e) eras ; f) erez ;
   g) era ; h) era ; i) ra ; j) era ; k) era ; l) eront ; m) erez ;
   n) rons ; o) eront.

2. a) Je regarderai les oiseaux qui mangeront sur ma
   galerie. b) Tous les samedis, je ferai du ski alpin.
   c) Mia préférera jouer au hockey. d) Tristan
   s'amusera avec son frère Sébastien. e) Vous
   n'arriverez pas au bon moment.

Page 52

paysage ; habiter ; joli, jolie.

Page 53

très ; peux ; mes ; Tout ; au ; mes ; ma ; jouons ;
les ; faire ; c'est ; bon.

Page 54

3. faux.
4. a) chameaux ; b) bateaux ; c) pneus ;
   d) bijoux ; e) mitaines.
5. longer ; longitude ; longtemps ;
   longuet ; longueur.

Page 55

a) patient ; b) léger ; c) méchant ; d) invisible ;
e) froide ; f) terne ; g) neuf ; h) lent ; i) sale ; j) vaillante ;
k) doux ; l) malhonnête ; m) franc ; n) déterminé ;
o) pâle ; p) injuste ; q) fade ; r) courbe ; s) silencieux ;
t) désagréable.

Page 56

Le chat de Super Zapp chasse une souris.
Son cousin et sa cousine arrivent de la France.
Elles sont épuisées par leur voyage.
Grand-papa prépare un bon repas.
Toute la famille visite la ville de Paris.
Ils achètent de jolis souvenirs.
La voiture est garée dans le garage.
Nos deux visiteurs s'endorment sur le divan du salon.
Toi et moi irons jouer au parc.
Papa et toi rangerez le garage.

Page 57

1. manteau ; 2. coffre ; 3. chapeau ; 4. chaise ;
5. cage ; 6. éventail ; 7. livre ; 8. skis ; 9. valise ;
10. souris.

Page 59

1. a) rissolaient ; b) rissolent ; c) rissoleront.
2. a) ronronnait ; b) ronronne ; c) ronronnera.
3. a) se tortillait ; b) se tortille ; c) se tortillera.
4. a) jaillissait ; b) jaillit ; c) jaillira.

Page 60

Horizontalement : 4. teniez ; 7. traciez ; 9. aviez ;
13. connaissiez ; 14. mettiez ; 15. frottiez.
Verticalement : 1. laviez ; 2. appeliez ; 3. remettiez ;
5. brossiez ; 6. parliez ; 8. classiez ; 10. possédiez ;
11. faisiez ; 12. corrigiez.

Pages 61-62

vivait ; aidait ; apprenait ; avait ; était ;
adorait ; élevait ; avait ; allaient ; travaillaient ; était ;
disait.
1. 1900 ; 2. a) autrefois ; b) né ; c) jeune ; d) robuste ;
e) vrai. 3. Cinq adjectifs parmi les suivants : petite,
jeune, propre, robuste, fier, travaillant, vieille, jeunes,
petits, petite, bon, vieux, vrai, moderne. 4. petit
terrain ; 5. C'était le bon vieux temps ; 6. a) vivre ;
b) élever ; c) adorer ; d) apprendre ; e) posséder.

Page 63

a) la famille de Super Zapp ; b) Louis et Maya ;
c) les oiseaux migrateurs ; d) mon nouvel ordinateur ;
e) Éric.

Page 64

1. a) il, e ; b) ils, ent ; c) ils, ent ; d) elle, e ; e) ils, ent.
2. a) L'ours ; b) Ces vaches ; c) L'auteur ; d) Mon père ;
   e) Le plombier.

Page 67

Crocodile.

Page 68

lionne ; louve ; cane ; ourse ; brebis ; truie ; chienne ;
laie ; chèvre ; tigresse ; renarde ; chatte ; poule ;
jument ; ânesse ; guenon.

Page 69

1. louveteau ; 2. canetons ; 3. baleineau ;
4. renardeau ; 5. oisillons ; 6. chiots ; 7. agneaux ;
8. poussins ; 9. veaux ; 10. lapereau.

Page 70

1. Les loups ne hurlent pas dans la nuit.
2. Le chien dalmatien ne jappe pas pour avoir
   de la nourriture.
3. Le hibou ne ulule pas très fort sur sa grosse
   branche.
4. Les porcs ne grognent pas en se roulant dans
   la boue visqueuse.
5. La grenouille ne coasse pas lorsque la soirée arrive.

Page 71

1. Vertébré : animal qui a une colonne vertébrale.
   Invertébré : animal qui n'a pas de vertèbres.
2. Vertébré : couguar ; ornithorynque ; tapir ;
   furet ; hyène ; raie.
   Invertébré : crevette ; ver de terre ; moule ; cobra.

Page 72

est : Akimbaya ; a : il ; désire : il ; doit : Il ;
donnent : Les enfants du roi ; crient :
Les cinq petits monstres ; chamaillent :
Les cinq petits monstres ; peut : on ;
bavent : Trois chiens de garde ;
pavanent : deux chats siamois poilus ; s'étendent :
deux chats siamois poilus ;
dévore : un piranha affamé.

Page 73

1. pièce de monnaie ; 2. balai ; 3. plafond ; 4. ongle ;
5. verre.

Page 74

1. Nous ; il ou elle. 2. Tu. 3. Je ; il ou elle.
4. Vous ; nous. 5. je ; elles. 6. Tu ou Je.

Page 75

succulent ; délicieux ; appétissant ; resplendissant ;
chaleureux ; miraculeux ; tordant ; pétillant ; fascinant ;
désastreux ; exorbitant ; vertigineux ; mirobolant.
Le mot *tordant* est bien écrit.

Page 78

Les verbes réguliers.

Page 80

Vert : l' ; ces ; les ; aux ; ces ; le.

Rouge : tempêtes ; neige ; hiver ; pelletage ; flocons ; bottes ; genoux ; manteaux ; tuques ; front ; foulards ; mitaines ; éternité.

Jaune : grosses ; glacials ; minuscules ; fameuses ; longs ; volumineuses.

Bleu : éreintent ; bouger ; picotent ; sécher.

Page 81

Elle ; Ils ; Elle ; Ils ; ils ; Ils.

Page 82

a) pruche ; b) fossette ; c) tourniquet ; d) sosie ; e) lambin ; f) gastronome ; g) hase ; h) empreinte ; i) sarcasme ; j) iceberg.

Pages 84-85

La (marmotte) a-t-elle vu son (ombre) ? Voilà une (question) que <u>Super Zapp</u> ne s'est même pas posée. Il est si |joyeux| aujourd'hui. Dehors, la (vie) renaît. Les (oiseaux) sont revenus et s'égosillent à tue-tête. La (neige) a presque complètement disparu. Les (bourgeons) des (arbres) sont |gonflés| et |prêts| à éclater. Les (écureuils) cherchent et déterrent leurs (provisions) si bien |enfouies| l'(automne) |passé|. Le (ciel) s'est paré de ses plus |beaux| (atours). L'(air) |printanier| est |divin| et <u>Super Zapp</u> en renifle une |bonne| (dose). Il remplit ses (poumons) d'(odeurs) |florales| et |embaumantes|.

Il a (envie) de tout : marcher, courir, crier, rire et, surtout, vivre. Pendant trois (mois), <u>Super Zapp</u> a attendu et espéré cette (saison) si |enivrante|. Que voulez-vous, c'est la (saison) |préférée| de <u>Super Zapp</u> !

1. La marmotte ; 3. Une feuille ; 5. éclater, marcher, courir, crier, rire, vivre ; 6. Le printemps.

Page 86

21 mai.

Page 88

Verbes réguliers : attacher, arrêter, klaxonner, traverser, atterrir.

Verbes irréguliers : lire, répondre, débattre, reconduire, apercevoir.

Page 89

1. a) guépard ; b) guenon ; c) girafe ; d) rhinocéros ; e) python.

2. a) espadon ; b) anguille ; c) hippocampe ; d) baleine ; e) dauphin.

Pages 90-91

1. Mexique ; 2. Puerto Vallarta ; 3. San Marino ; 4. Faux ; 5. L'espagnol ; 6. Salut, mon ami ! ; 7. Parce que la température est beaucoup plus chaude ; 8. Faux.

Page 94

Banque, menthe, dentifrice, somnambule, brillant, brillante, ranger, pendre, enseigner.

Page 96

1. b) ; 2. a) ; 3. b) ; 4. c).

Page 97

1. capot ; 2. moteur ; 3. moto ; 4. roues ; 5. frein ; 6. vitesse ; 7. autoroute ; 8. camion ; 9. crevé ; 10. pare-brise ; 11. siège.

Page 98

1. essuie-glace ; 2. pare-brise ; 3. antenne ; 4. coffre ; 5. enjoliveur ; 6. portière ; 7. rétroviseur extérieur ; 8. pneu ; 9. feu clignotant ; 10. calandre ; 11. pare-chocs ; 12. capot.

Page 99

1. somnambule ; 2. hippopotame ; 3. exercice ; 4. applaudissement ; 5. géographie.

Page 100

1. un lave-vaisselle ; 2. un guichet automatique.

Page 102

1. Faux ; 2. Faux ; 3. Vrai ; 4. Vrai ; 5. Faux ; 6. Faux ; 7. Vrai ; 8. Faux ; 9. Faux ; 10. Vrai.

Page 104

1. a) **?** b) **.** c) **!** d) **?** e) **?** f) **!** . g) **?** h) **.** i) **.** j) **!** .

Page 105

Caroline ; Olivier ; Myriam ; Sébastien ; Nicholas ; Véronique ; Francis ; Jonathan ; Carole ; Yolande ; Patrice ; Benjamin ; Valérie ; Martine ; Maxime ; Samuel ; Philippe ; Daniel ; Alexandra ; Madeleine.

Page 107

cheval ; rivière ; pont ; mouton ; ferme ; champ ; arbres ; cochon ; vache ; haie.

Pages 108-109

Les phrases doivent décrire les erreurs suivantes.

Page 111

b[ai]gnade, lumi[è]re, for[êt], corn[et], iceb[e]rg, rafr[aî]chir, gigant[e]sque, fruiti[è]re.

Page 112

Exemples de réponses : 1. temps ; 2. moustiques ;
3. dos ; 4. corps ; 5. bras.

Page 113

a) grand ; b) force ; c) noir ; d) laid ; e) gai ou gaie ;
f) beau ; g) bruit ; h) regard ; i) éponge ; j) hockey ;
k) régulier ; l) limite ; m) livre ; n) lutte ; o) moulin.

Page 115

Dix réponses dans chacune des catégories suivantes :
Noms communs : cornet, boules, journée, été,
cousine, mercure, foi, ventilateur, yeux, instants,
figure, pôle, iceberg, vent, visage, coup, sucettes,
fruits, melon, eau, cantaloup, prunes, temps, pêches,
folie, nuit, façon.
Adjectifs : bon, sucré, chaude, chaud, énorme,
gigantesque, puissant, clos, solide, glacées, bons,
vraie, chaud, impossible.
Déterminants : un, trois, une, ma, le, un, Les, ces, ma,
au, un, le, mon, de, de, le, d', le, les, le, des, une, la.

Page 116

1. pêcher ; 2. pommier ; 3. avocatier ; 4. figuier ;
5. citronnier ; 6. oranger ; 7. dattier ; 8. merisier ;
9. pamplemoussier ; 10. grenadier ; 11. poirier ;
12. cerisier ; 13. bananier ; 14. prunier ; 15. abricotier.

Page 117

Adjectifs : b, f, h, j, l.
Noms : c, d, i, l, n, r, s, t.
Verbes : a, e, g, k, m, o, p, q.

Page 118

A : sortie en famille ; B : le mois prochain ;
C : viens avec nous ; D : tous les manèges ;
E : frissons qui me parcourent le corps ;
F : va très vite ; G : poules mouillées ;
H : pour affronter tous les dangers ;
I : ne m'oublie pas.

Page 120

1. hôtel ; 2. plage ; 3. pelle ; 4. soleil ; 5. seau ; 6. mer ;
7. avion ; 8. train ; 9. glace ; 10. tente.

Page 121

contempler : admirer ; immensité : grandeur ;
sinueuses : tortueuses ; abruptes : escarpées, à pic ;
grève : rivage ; faune : ensemble des espèces
animales ; apnée : plongée en surface sans bouteille
d'oxygène ; oursins : animaux marins garnis de piquants.

Page 122

1. des chiens géniaux ; 2. des exposés oraux ;
3. mes animaux préférés ; 4. ses examens finaux ;
5. des restaurants orientaux ; 6. des canaux d'égout ;
7. des actes illégaux ; 8. des bruits anormaux ;
9. des tests expérimentaux ; 10. des orignaux craintifs.

Page 123

a) 10 ; b) 19 ; c) 6.

Page 124

2. a) . b) ? c) ! . d) ! . e) .

Page 125

besogne, chaise, volumineuse, monstrueuse.

Page 126

C : ... des choux-fleurs énormes. Mais ce que je
déteste, je hais et j'exècre, ce sont les moustiques !
Ils me tournent autour...

Page 127

Salut toi !
Savais-tu que mon jeu préféré, c'est le volley-ball ?
Pourquoi ? C'est un jeu rempli de stratégies !

Page 128

1. a) peintre ; b) sculpteure ou sculptrice ;
   c) musicienne ; d) violoniste ; e) magicienne ;
   f) journaliste ; g) étudiante.
2. a) porte ; b) tonnerre ; c) bœuf ; d) doigts ;
   e) roches.
3. a) patiner ; b) s'essuyer ; c) visser ou dévisser ;
   d) se raser ; e) égoutter ; f) se mirer ou se regarder ;
   g) scier ; h) avironner, ramer ; i) ouvrir, déverrouiller ;
   j) allumer, éclairer.

Page 130

1. a) é ; b) è ; c) é ; d) è ; e) è ; f) è ; g) é ; h) é ; i) è ;
   j) è.
2. a) â ; b) ê ; c) â ; d) ê ; e) ê ; f) î ; g) ê ; h) î ; i) î ; j) â.
3. a) Noël ; c) maïs ; e) haïr ; g) goéland ;
   h) ouïe ; i) aiguë ; j) naïf.

Page 131

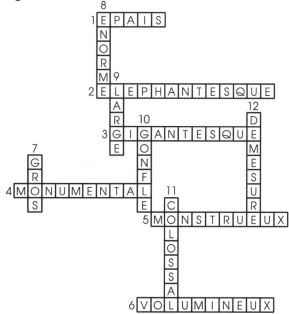

Page 132

1. citrouille, masque ; 2. chenille, loupe ; 3. bracelet,
accident ; 4. piment, journal ; 5. fourchette, aspirateur.

CORRIGÉ – MATHÉMATIQUE

Page 134
1. a) 0 ; b) 4 ; c) 6 ; d) 3 ; e) 8 ; f) 2 ; g) 6 ; h) 8.
2. a) 9 ; b) 13 ; c) 16 ; d) 35 ; e) 24 ; f) 10.

Page 135
Le gagnant est Ming.

Page 136
1. 7, 17, 27, 37, 47, 57, 67, 70, 71, 72, 73, 74, 75, 76, 77, 78, 79, 87, 97 ; 2. 37 ; 3. 2 ; 4. croissant ; 5. 16 ; 6. 10 ; 7. 63 ; 8. 8 ; 9. 56 ; 10. 10.

Page 137

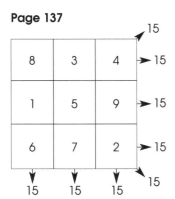

Page 138
a) 39 ; b) 13 ; c) 77 ; d) 21 ; e) 18 ; f) 58 ; g) 92 ; h) 59 ; i) 73 ; j) 67 ; k) 100 ; l) 12.

Page 139
1. a) 12 ; b) 20 ; c) 15 ; d) 49.
2. a) 1, 22 ; b) 5, 30 ; c) 1, 4, 16 ; d) 1, 2, 12.

Page 140
1. spirale, bolo ou livre et crayon ;
2. 361 ; 3. 581 ; 4. 577.

Page 141
Le nombre caché est 98.

Page 142
1. a) > ; b) = ; c) < ; d) = ; e) >.
2. a) 86 > 78 > 73   c) 35 < 44 < 49
   b) 93 > 53 = 53   d) 62 > 20 < 21

Page 143

	A au moins un angle droit	A au moins un angle aigu	A au moins un angle obtus
Quadrilatère	e	c, f, i	c, f, i
Autre polygone	g	a, g, h, j	b, h, j

Page 144
Le tapis 3.

Page 145
1. bleu : salle de bains ; 2. rouge : chambre du bébé ;
3. vert : salon ; 4. jaune : chambre des jumeaux ;
5. rose : cuisine ; 6. mauve : chambre des parents.

Page 146

Solide	Figures				
	Triangle	Cercle	Rectangle	Carré	Hexagone
1	✗		✗		
2	✗	✗			
3				✗	
4		✗	✗		
5	✗			✗	
6					
7			✗		✗
8			✗	✗	

Page 147
3, 4, 8.

Page 148
1. m ; 2. dm ; 3. dm ; 4. m ; 5. dm ; 6. dm ; 7. m.

Page 149
1. vrai ; 2. vrai ; 3. faux ; 4. faux ; 5. faux ; 6. faux ;
7. vrai ; 8. faux ; 9. vrai ; 10. faux ; 11. faux ; 12. faux.

Page 150
Dans le ventre de maman, 2 dm et 5 cm ; à 2 mois, 59 cm ; à 6 mois, 67 cm ; à 1 an, 8 dm ; à 4 ans, 1 m et 5 cm ; à 6 ans, 1 m et 20 cm ; à 8 ans, 1 m et 25 cm.

Page 152
Rouge : a), e).   Vert : b), f).   Bleu : c), d).

Page 154

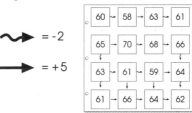

Page 155
1. a) 266 ; b) 878 ; c) 951 ; d) 423 ; e) 545 ; f) 479 ;
   g) 127 ; h) 632 ; i) 719 ; j) 513.
2. a) 6̲7 ; 2̲36 ; 4̲58 ; 9̲03 ; 1 2̲22 ; 2 1̲46.
   b) 4̲21 ; 8̲00 ; 1 0̲21 ; 1 6̲13 ; 2 1̲41 ; 6 2̲61.

Page 156
1. 75 $; 2. 413 $; 3. 389 $; 4. a) 87 $; b) 87 $.

Page 157
1. deux tulipes jaunes ; 2. deux beignes au chocolat ;
3. des pâtes.

Page 158
La réponse est pastèque.

Page 159
Section rouge, 4e siège de la rangée C.

Page 160
1. a) 8 ; b) 3 ; c) 2 ; d) 7, 8 ; e) 6 ; f) 0 ; g) 3 ; h) 5.
2. Sébastien.

Page 161
1. a) 18 ; b) 3 ; c) 3 ; d) 6 ; e) 1 ; f) 1 ; g) 9 ; h) 8 ; i) 5.
2. a) 42 points ; b) 39 points.

Page 162

a) oiseau ; b) poule ; c) chat ; d) renard ; e) lapin ;
f) chien ; g) baleine ; h) canard ; i) bœuf ; j) canard ;
k) mouton ; l) canard.

Page 163

	A	B	C	D	E	F	G	H
1	2	5	■		1	3	■	3	6
2	2	0	■		1	7	9		
3	5	■	2	4	■	5	2	3
4	■		0		6	4	7	■
5	1	1	0	■	9	■	3	1
6	6	2	■	2	7	8	■	5

Page 164

777 ; 779 ; 797 ; 799 ; 977 ; 979 ; 997 ; 999.

Page 165

Couleur 1 : 0×5 ; 4×0 ; 3×0 ; 0×7 ; 0×8.
Couleur 2 : 3×8 ; 4×6 ; 12×2 ; 6×4.
Couleur 3 : 12×1 ; 6×2 ; 4×3 ; 3×4 ; 2×6.
Couleur 4 : 3×6 ; 2×9 ; 6×3.
Couleur 5 : 4×5 ; 10×2 ; 5×4 ; 2×10.

Page 166

1.

2. 1.

Page 167

1. une chaise ; 2. une maison ; 3. un escalier ; 4. un 8.

Page 168

1. b, prisme triangulaire ; 2. e, cube ;
3. c, pyramide à base carrée ; 4. d, cône.

Page 169

1. 6 cm^2 ; 2. 3 cm^2 ; 3. 7 cm^2 ; 4. 6 cm^2 ; 5. 5 cm^2.

Page 171

Jaune : 4, 9, 16, 25, 36, 49 ; rouge : 2, 3, 5, 7, 11, 13, 23,
29, 43 ; bleu : 6, 8, 10, 12, 15, 18, 21, 27, 32.

Page 172

1. a) 7 605,28 ; b) 24 387,59 ; c) 3 746,65.
2. a) 9,95 ; b) 124,3 ; c) 250,34.

Page 173

1. 18 dm.
2. a) 28 dm ; b) 2,8 m.

Page 174

Le trajet le plus court : 3. Le trajet le plus long : 5.

Page 175

1. faux ; 2. vrai ; 3. faux ; 4. vrai ; 5. vrai ; 6. faux ;
7. faux ; 8. vrai ; 9. faux ; 10. vrai ; 11. faux ; 12. vrai.

Page 176

1. 1 h 30 ; 2. 1 h 45 ; 3. moins ; 4. plus.

Page 178

Or : Habib ; argent : Jonathan ; bronze : Nina.

Page 179

a) Manon ; b) Pierre ; c) 40 points ;
d) Rosie.

Page 180

27 = 13 + 14
27 = 12 + 15
27 = 11 + 16
27 = 10 + 17
27 = 9 + 18
27 = 8 + 19
27 = 7 + 20
27 = 6 + 21

Page 181

Clarinette.

Page 182

1. 800 km ; 2. 6 autocollants ; 3. 24 crayons ;
4. 45 chatons ; 5. 10 minutes.

Page 183

1. 853 ; 877 ; 854 ; 866 ; 860 ; 700 ; 891 ; 453.
2. 801 ; 434 ; 435 ; 155 ; 48 ; 887 ; 777 ; 501.
3. 14 ; 20 ; 4 ; 10.

Page 184

Kevin.

Page 185

406, 423, 462, 467, 476, 496, 563, 569, 576, 579, 601,
604, 623, 669.

Page 186

1. a) 117 = 100 + 10 + 7 ; 117 = 100 + 17.
   b) 235 = 200 + 30 + 5 ; 235 = 200 + 35.
   c) 2 173 = 2 000 + 100 + 70 + 3 ; 2 173 = 2 000 + 173.
   d) 1 322 = 1 000 + 300 + 20 + 2 ; 1 322 = 1 000 + 322.
2. a) 327 ; b) 438 ; c) 2 616 ; d) 551 ; e) 1 142 ; f) 739.

Page 187

1. Catherine.
2. 20 + 23 ; 30 + 13 ; 31 + 12 ; 32 + 11 ; 33 + 10 ; 25 + 18 ;
   26 + 17 ; 22 + 21 ; 19 + 24 ; 38 + 5.
3.

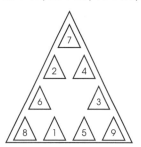

Page 188

Bateau.

Page 189

2. (J,1) ; 3. (B,3) ; 4. (D,1) ; 5. (C,6) ; 6. (E,2) ; 7. (G,5) ;
8. (I,3) ; 9. (F,4) ; 10. (I,7).

Page 190

F.

Rouge : a, c, e, g ; bleu : c, j, l.

Page 192

	1	2	3	4	5
Nombre de carrés	0	0	6	0	0
Nombre de rectangles	6	6	0	5	3
Nombre de triangles	0	0	0	0	2
Nombre de faces	8	8	6	7	5
Nombre de sommets	12	12	8	10	6
Nombre d'arêtes	18	18	12	15	9
Solide concave (O ou N)	N	O	N	N	N

Page 193

1.

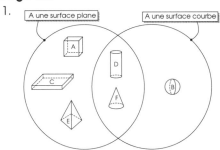

Page 194

a, e, f, h, j, n.

Page 196

1. $\overline{BC}$ = 9 cm ; $\overline{CD}$ = 3 cm ; $\overline{DE}$ = 7 cm ; $\overline{EF}$ = 10 cm ;
$\overline{FG}$ = 4 cm ; $\overline{GH}$ = 1 cm ; $\overline{HA}$ = 12 cm.

2. 52 cm.

Page 197

Super Zapp.

Page 198

1. 15 dessins ; 2. 12 dessins.

Page 199

a) 11 ; b) 2 ; c) 14 ; d) 9 ; e) 3 ; f) 7.

Page 201

1. a) 76 ¢ ; b) 96 ¢ ; c) 85 ¢ ; d) 88 ¢ ; e) 72 ¢.
2. a) 22 ¢ ; b) 10 ¢ ; c) 2 ¢ ; d) 26 ¢ ; e) 13 ¢.
3. le crayon ; 4. la gomme à effacer ;
5. Benjamin et Karim.

Page 202

1. 0, 3, 6, 9, 12, 15, 18, 21, 24, 27, 30.
2. 779, 780, 781, 782, 783, 784, 785, 786, 787.
3. 4, 8, 12, 16, 20, 24, 28, 32.
4. 58, 125, 215, 389, 538, 839, 899, 998.
5. 967, 832, 796, 679, 504, 405, 382, 283.
6. a) > ; b) > ; c) > ; d) < ; e) < ; f) > ; g) > ; h) < ; i) < ; j) <.

Page 203

1. 354 : trois cent cinquante-quatre ; 121 : cent vingt
et un ; 932 : neuf cent trente-deux ; 660 : six cent
soixante ; 87 : quatre-vingt-sept.
2. a) cent vingt-neuf = 129 = 100 + 29 ;
   b) trois cent soixante-quinze = 375 = 300 + 75 ;
   c) huit cent quatre-vingt-dix = 890 = 800 + 90 ;

d) six cent quarante-deux = 642 = 600 + 42 ;
e) deux cent cinquante-cinq = 255 = 200 + 55.

Page 204

J'aime le printemps.

Page 205

1. 334 ; 2. 443 ; 3. 464 ; 4. 227.

Page 206

1. a) 135, 133, 138, 136 = + 5, - 2 ;
   b) 679, 676, 677, 687 = + 10, - 3, + 1 ;
   c) 101, 102, 111, 112 = + 9, + 1 ;
   d) 266, 277, 288, 299 = + 11 ;
   e) 426, 429, 421, 424 = - 8, + 3.

Page 207

1. 27 $; 2. 4 élèves ; 3. 128 élèves ; 4. 29 $;
5. 126 élèves.

Page 208

Colonne 1		Colonne 2	
1.	9	2.	10
3.	11	4.	29
5.	13	6.	19
7.	5	8.	5
9.	19	10.	0
11.	9	12.	28
13.	12	14.	10
15.	15	16.	7
17.	16	18.	9
19.	11	20.	44
21.	12	22.	12
23.	40	24.	14
25.	15	26.	35
27.	15	28.	36
29.	9	30.	7

Page 209

Horizontalement : 1. division ; 2. carré ; 4. addition,
cent ; 6. somme, six ; 7. mètre ; 9. demie ; 11. pair ;
12. soustraire ; 14. arêtes.
Verticalement : 2. dizaine, impair ; 4. produit ; 5. dix ;
9. nombres ; 11. chiffres ; 14. centaine ; 15. terme.

Page 210

1. (E,5) ; 2. (E,1) ; 3. (F,6).

Page 211

1. 53 ; 2. 54 ; 3. 74 ; 4. 42 ; 5. 79 ; 6. 116.

Page 212

Il t'a fait colorier le chemin de deux couleurs
différentes.

Pages 213-214

1. lignes brisées : 1, 3, 5, 7, 9, 10, 12, 13, 14, 18 ;
   lignes courbes : 2, 4, 6, 8, 11, 15, 16, 17.
2. 1, 5, 7, 9, 10, 12, 18.
3. 1, 5, 7, 9, 10, 12, 13, 14, 18.
4. 1, 5, 10, 12, 14.

Page 217

a) < ; b) > ; c) > ; d) < ; e) > ; f) > ; g) =.

Page 218

Une fleur.

Page 219

2.

Mètres	Décimètres	Centimètres
8	80	800
2	20	200
7	70	700
9	90	900
3	30	300
6	60	600
4	40	400
1	10	100

Page 220

1. a) 6 ; b) 9 ; c) 14 ; d) 12 ; e) 8 ; f) 14.
2. a) 5 ; b) 6 ; c) 12 ; d) 6 ; e) 11 ; f) 10.

Page 221

1. 100 cm ; 2. 4 m ; 3. 15 dm ; 4. 3 m ; 5. 10 m ;
6. 18 dm.

Pages 223-224

1. a) 100 ; b) 65 ; c) 130 ; d) 115 ; e) 40 ; f) 150.
2. numéros variés, théâtre, comédie musicale,
chant, danse, humour ; 3. 35 ; 4. théâtre et humour ;
5. numéros variés.

Page 226

1. 15 personnes ; 2. 36 minutes ; 3. 54 élèves ;
4. 21 élèves ; 5. 56 chaises ; 6. 8 personnes ;
7. 8 élèves ; 8. 35 $.

Page 227

1. Marie ; 2. Martin ; 3. Carlie ; 4. Ryan ; 5. Tina ;
6. Rémi.

Page 229

1. 42 tomates ; 2. 36 $; 3. 45 $; 4. 5 $; 5. 33 $;
6. 10 boîtes.

Page 230

1. a) 167 ; b) 369 ; c) 399 ; d) 286 ; e) 78 ; f) 117 ;
g) 189 ; h) 309.
2. a) 347 ; b) 79 ; c) 78 ; d) 189 ; e) 534 ; f) 59 ;
g) 177 ; h) 89.

Pages 231-232

1. a) 147 km ; b) 649 km ; c) 135 km ; d) 253 km ;
e) 831 km ; f) 240 km ; g) 930 km.
2. a) Québec et Trois-Rivières ; b) 135 km.
3. a) Montréal et Gaspé ; b) 930 km.
4. 387 km ; 5. a ; 6. a) 7 h ; b) 4 h 30 ; c) 1 h 30 ; d) 2 h.

Page 233

a) 1/7 ; b) 1/12 ; c) 1/4 ; d) 1/24 ; e) 1/60 ; f) 1/4 ;
g) 10/12 ; h) 1/60.

Page 234

1. itinéraire B ; 2. itinéraire A ; 3. Saint-Eustache →
Montréal → Terrebonne ; 4. Blainville → Terrebonne →
Montréal → Saint-Eustache.

Pages 235-236

Prismes rectangulaires : 1, 2 ; prismes triangulaires :

6, 7 et 11 ; pyramides : 4, 5 et 14 ; autres : 3, 10 et 15.
Cône : 12 ; cylindres : 9 et 13 ; sphère : 8 ; autres :
aucun.

Page 237

1 et E ; 2 et C ; 3 et B ; 4 et D ; 5 et F ; 6 et A.

Page 238

1. droite ; 2. gauche ; 3. droite ; 4. gauche ; 5. droite ;
6. droite ; 7. gauche.

Page 239

1. 16 ; 2. 8 ; 3. 15 ; 4. 3 ; 5. 24 ; 6. 13 ; 7. 27 ; 8. 18 ; 9. 24 ;
10. 9 ; 11. 9 ; 12. 15 ; 13. 26 ; 14. 25 ; 15. 15.

Page 240

$\overline{AB}$ = 5 cm, 50 m ; $\overline{BC}$ = 7 cm, 70 m ; $\overline{CD}$ = 3 cm, 30 m ;
$\overline{DE}$ = 5 cm, 50 m ; $\overline{EF}$ = 7 cm, 70 m ; $\overline{FG}$ = 11 cm, 110 m ;
$\overline{GH}$ = 11 cm, 110 m.

Page 242

9 ; 98 ; 987 ; 9 876 ; 98 765 ; 987 654 ; 9 876 543 ;
98 765 432 ; 987 654 321.

Page 244

1. 2 ; 2. 8 ; 3. 8 ; 4. 4 ; 5. 0 ; 6. 9 ; 7. 8 ; 8. 28 ; 9. 9 ; 10. 11 ;
11. 3 ; 12. 5 ; 13. 28 ; 14. 9 ; 15. 4 ; 16. 2 ; 17. 4 ; 18. 63 ;
19. 9 ; 20. 53.

Page 245

1. a) 14 $; b) 6 $; 2. a) 72 entrées ; b) 126 $;
3. a) 876 $; b) 124 $.

Page 246

Bicyclette.

Page 247

1. volume ; 2. impair ; 3. dizaine ; 4. équation ;
5. quadrilatères ; 6. aire ; 7. unités ; 8. centaine ;
9. pairs ; 10. mille ; 11. chiffres.

Page 248

a) 16, 8, 8 ; b) 8, 8, 8, 4, 4 ; c) 80, 40, 20, 10, 10 ;
d) 30, 15, 15 ; e) 24, 12, 12 ; f) 50, 25, 25 ;
g) 400, 400, 200, 200, 200, 100, 100.

Page 249

1.
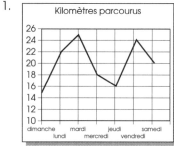

Kilomètres parcourus	
dimanche	15
lundi	22
mardi	25
mercredi	18
jeudi	16
vendredi	24
samedi	20

2.
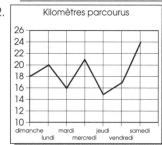

Kilomètres parcourus	
dimanche	18
lundi	20
mardi	16
mercredi	21
jeudi	15
vendredi	17
samedi	24

Page 250

257, 275, 527, 572, 725, 752.

Page 251

1. assiette de fromages, brochette de fruits de mer, gâteau au fromage et boisson gazeuse.
2. soupe du jour, lasagne au four, salade de fruits et thé ou café ou tisane.

Page 252

Pomme.

Page 253

2. a) 7, 15, 21, 45, 63 ; b) voile ; c) équitation.

Page 254

1. 521 ; 2. 670 ; 3. 408 ; 4. 136 ; 5. 850 ; 6. 576 ; 7. 172 ; 8. 676 ; 9. 704 ; 10. 271 ; 11. 844 ; 12. 123 ; 13. 275, 275, 123, 398 ; 14. 262, 524, 385.

Page 255

81.

Page 256

1 et 5.

Page 257

1. mont Requin ; 2. mont Lapin ; 3. 100 m ; 4. 250 m.

Page 258

1er lancer	2e lancer	3e lancer	Combinaison
○	○	○	○ ○ ○
		●	○ ○ ●
	●	○	○ ● ○
		●	○ ● ●
●	○	○	● ○ ○
		●	● ○ ●
	●	○	● ● ○
		●	● ● ●

Page 259

1. 4 enfants ; 2. 3 enfants ; 3. 4 enfants ; 4. une fille ; 5. oui, un enfant ; 6. un parasol.

Page 260

1. a) 25 ; b) 24 ; c) 9 ; d) 5 ; e) 15 ; f) 11 ; g) 26 ; h) 15.
2. a) 15 ; b) 8 ; c) 16 ; d) 27 ; e) 5 ; f) 13 = d, c, a, f, b, e.

Page 261

1. soleil ; 2. plage ; 3. vacances ; 4. camping ; 5. océan ; 6. bicyclette.

Page 262

1. 140 m ; 2. 150 m ; 3. 180 m ; 4. 230 m.

Page 263

1. c ; 2. a ; 3. c ; 4. c ; 5. c ; 6. b ; 7. b ; 8. a.

CORRIGÉ – ANGLAIS

Page 265

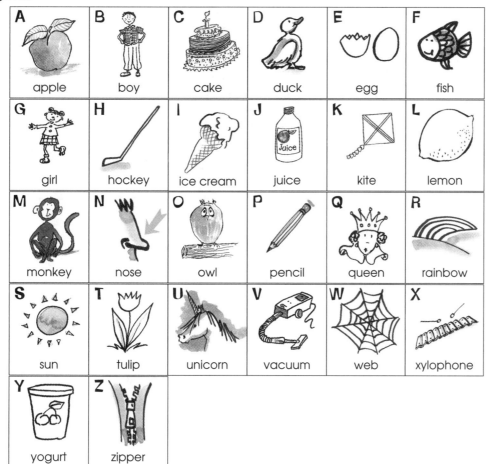

Page 266

1. The monkey and the owl have funny eyes.
2. The tulip is pink.
3. The girl and the boy play hockey.
4. The sun and the lemon are yellow.
5. The queen eats ice cream.

Page 268

2. nine; 3. seven; 4. twelve; 5. ten; 6. eight; 7. four;
8. eleven; 9. three; 10. two; 11. five; 12. six.

Page 269

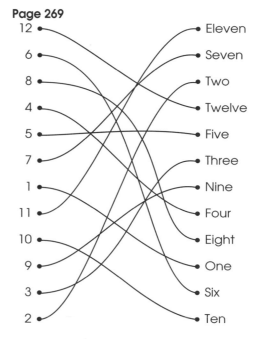

Page 270

2. twelve; 3. nine; 4. four; 5. eight; 6. eleven;
7. eleven; 8. twelve; 9. ten; 10. nine; 11. ten; 12. ten.

Page 271

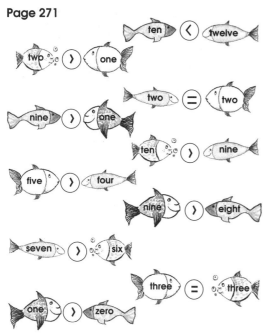

6. I see <u>fourteen</u> eggs.
7. I see <u>five</u> noses.
8. I see <u>five</u> pencils.
9. I see <u>three</u> boys.
10. I see <u>sixteen</u> lemons.
11. I see <u>three</u> kites.
12. I see <u>one</u> fish.
13. I see <u>four</u> xylophones.
14. I see <u>one</u> rainbow.

Page 275
1. one; 2. two; 3. three; 4. four; 5. five; 6. six;
7. seven; 8. eight; 9. nine; 10. ten; 11. eleven;
12. twelve; 13. thirteen; 14. fourteen; 15. fifteen;
16. sixteen; 17. seventeen; 18. eighteen;
19. nineteen; 20. twenty.

Page 277
1. no; 2. yes; 3. yes; 4. yes; 5. no; 6. yes; 7. no; 8. no;
9. yes; 10. yes.

Page 278
1. yellow; 2. red; 3. brown; 4. white;
5. red, blue, yellow, orange, purple and green.

Page 279
1. circle; 2. rectangle; 3. square, triangle; 4. square,
rectangle, circles; 5. triangles, ovals, rectangles.

Page 281
We love colours.

Page 283
1. I (ghost); 2. E (cat); 3. C (clown); 4. L (monster);
5. G (skeleton); 6. H (fairy); 7. D (pirate);
8. M (ballerina); 9. A (witch); 10. K (vampire);
11. F (spider); 12. B (bat); 13. J (scarecrow).

Page 284

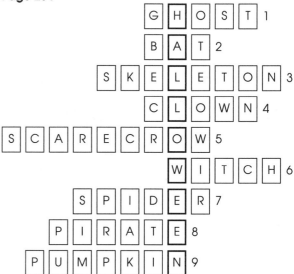

Page 272
1. two x two = four

2. <u>zero</u> x nine = zero

3. 1 🌷 x 5 🌷 = <u>five</u> eggs

4. one x one = <u>one</u>

5. <u>two</u> x four = 8

6. 1 🌷 x t<u>en</u> 🌷 = ten <u>tulips</u>

7. one x <u>two</u> = two

8. <u>seven</u> x one = 7

9. three ☀ x 2 ☀ = <u>six</u> suns

10. three x two = <u>six</u>

11. one x eleven = <u>eleven</u>

12. eleven ⊠ x one ⊠ = 11 <u>kites</u>

13. four x one = <u>four</u>

14. four x <u>two</u> = eight

15. six x tw<u>o</u> = tw<u>elve</u>

16. five x two = <u>ten</u>

17. two x <u>five</u> = ten

18. one 🍋 x 0 🍋 = <u>zero</u> le<u>m</u>on

19. two x <u>three</u> = six

20. zero x e<u>l</u>even = <u>zero</u>

Page 273
1. four; 2. seventeen; 3. six, seven; 4. nineteen;
5. eight; 6. eighteen; 7. nine, seven; 8. fourteen,
sixteen; 9. four, three, two; 10. thirteen, seventeen.

Page 274
2. I see <u>five</u> tulips.
3. I see <u>two</u> girls.
4. I see <u>two</u> cakes.
5. I see <u>one</u> owl.

Page 286
B. black bat; C. white ghosts; D. red nose.
1. one purple hat; 2. a white skeleton; 3. a brown cat;
4. a pink ballerina; 5. two black and white pirates;
6. eight black spiders; 7. three brown scarecrows;
8. one green monster.

Page 288
2. The monster is **next to** the **house**; 3. The witch is
in the **hospital**; 4. The black cat is **next to** the **school**;
5. The ghost is **in front of** the **bank**.

Page 290

1. **Her** favourite animal is the giraffe; 2. **His** favourite sport is baseball; 3. **His** favourite animal is the snake; 4. **Her** address is 1234 Lake Avenue; 5. **His** name is Jean-Sébastien; 6. **Her** name is Elizabeth.

Page 293

1. I; 2. we; 3. he; 4. she; 5. it; 6. you/they.

Page 295

1. is __ years old; 2. is __ years old; 3. She is __ years old; 4. He is __ years old.

Page 298

1. Catherine **is** in grade 5; 2. I **am** 8 years old; 3. Frédérique **is** short; 4. We **are** in Josée's class; 5. They **are** in grade 3; 6. You **are** proud; 7. Audrey **is** very tall; 8. Nicolas **is** a good hockey player; 9. I **am** short and thin; 10. The monkeys **are** funny; 11. This duck **is** yellow and brown.

Page 302

1. solstice; 2. Christmas.

Page 303

1. snow fort; 2. snow angel; 3. snowman; 4. snowboarding; 5. figure skating; 6. hockey; 7. alpine skiing; 8. sledding; 9. cross-country skiing.

Page 307

1. It is **on** his head; 2. It **is in** his hands; 3. **Where** is his **tuque**? It **is under** his body.

Page 308

1. Where **are** his mittens? They **are under** his body; 2. Where **are** his **mittens**? They **are on** his nose; 3. Where **are** his mittens? **They are in** his tuque.

Page 309

1. J A N U A R Y
2. H O C K E Y
3. S T - V A L E N T i N E
4. S O L S T i C E
5. C H R i S T M A S
6. T U Q U E
7. C R O S S - C O U N T R Y   S K i i N G
8. R A B B i T
9. C R O W
10. C O L D

Page 310

Equinox.

Page 311

1. solstice; 2. p. 302; 3. winter.
4.

Winter solstice		Summer solstice	
longest	shortest	shortest	longest

Page 312

1. sail; 2. fish; 3. swim; 4. dive; 5. kayak; 6. snorkel; 7. windsurf; 8. canoe; 9. play.

Page 313

1. ride; 2. fly; 3. play; 4. horse; 5. skateboard; 6. climb; 7. camp; 8. in-line; 9. garden.

Page 314

1. have; 2. have; 3. has; 4. has; 5. has; 6. have; 7. have; 8. have.

Page 315

1. It **has two wheels**; 2. It **has three triangles**; 3. **It has four legs**.

Page 316

2. I ride, you ride, she rides, he rides, it rides, we ride, you ride, they ride.
3. I climb, you climb, she climbs, he climbs, it climbs, we climb, you climb, they climb.
4. I swim, you swim, she swims, he swims, it swims, we swim, you swim, they swim.
5. I dive, you dive, she dives, he dives, it dives, we dive, you dive, they dive.
6. I skate, you skate, she skates, he skates, it skates, we skate, you skate, they skate.

Page 317

Equinox.

Page 319

1. twelve; 2. fifteen; 3. nine; 4. eighteen.

Page 320

DAY (jour)	ACTIVITY	WITH (avec)
Friday	play cards and eat popcorn	Thomas
Saturday	build model	
Sunday	play chess	My uncle
Monday	watch TV	
Tuesday	play cards	Karim and my mom
Wednesday	draw	My father
Thursday	watch TV	

Page 321

Sunday.
1. Monday; 2. Tuesday; 3. Wednesday; 4. Thursday; 5. Friday; 6. Saturday; 7. Sunday.

Page 323

1. A. January; B. February; C. March; D. April; E. May; F. June; G. July; H. August; I. September; J. October; K. November; L. December.
2. C. February 14; D. La réponse varie selon l'année; E. June 21; F. January 1.

Page 327

Index des notions